U0948439

名校长核心思想系列

"国培计划"优秀成果出版工程
"国培计划"全国优秀研修成果数字出版平台

以心育人

——一位优秀校长的成长手记

邹倩◎著

西南师范大学出版社
国家一级出版社 全国百佳图书出版单位

图书在版编目(CIP)数据

以心育人:一位优秀校长的成长手记 / 邹倩著. —重庆:西南师范大学出版社，2017.8

ISBN 978-7-5621-8930-5

Ⅰ. ①以… Ⅱ. ①邹… Ⅲ. ①小学—校长—学校管理 Ⅳ. ①G627.1

中国版本图书馆 CIP 数据核字(2017)第 193823 号

名师工程系列丛书

以心育人:一位优秀校长的成长手记

YI XIN YUREN:YIWEI YOUXIU XIAOZHANG DE CHENGZHANG SHOUJI

邹倩　著

责任编辑:钟小族
封面设计:戴永曦
出版发行:西南师范大学出版社
地址:重庆市北碚区天生路 1 号
邮编:400715　市场营销部电话:023-68868624
http://www.xscbs.com
经　　销: 新华书店
排　　版: 重庆大雅数码印刷有限公司
印　　刷: 重庆市正前方彩色印刷有限公司
开　　本: 720mm×1030mm　1/16
印　　张: 17
字　　数: 242 千字
版　　次: 2017 年 8 月　第 1 版
印　　次: 2017 年 8 月　第 1 次
书　　号: ISBN 978-7-5621-8930-5

定　　价: 35.00 元

《名师工程》

系列丛书

《名师工程》系列丛书

征稿启事

《名师工程》系列丛书是西南师范大学出版社策划、组织出版的大型系列教育丛书。丛书以新课程下的新教学为背景，以促进施教者的教育能力为落脚点，以提高教育质量、提升教师水平为宗旨。

丛书首批推出的"名师讲述""教学提升""教学新突破""高中新课程""教师成长""大师讲坛""教育细节""创新语文教学""教育管理力""教师修炼""创新数学教学""教育通识""教育心理""创新课堂""思想者""名师名课""幼师提升""优化教学""教研提升""名校长核心思想""名校工程""高效课堂""创新班主任""教育探索者"等系列，共170多个品种，其余系列也将陆续出版。为了让广大教师有一个交流、借鉴的机会，同时也为了给广大教师提供更多、更好的图书，《名师工程》系列丛书编辑出版委员会特向全国教育工作者征集稿件。

稿件要求：

1. 主题鲜明、新颖，有独创性。
2. 主题以提升教育能力为主，也可适当外延。
3. 主题要有一定规模、有典型案例支撑。
4. 案例要贴近教育实际，操作性强。
5. 文章、书稿结构清晰，语言精彩。

书稿作者在选题确定之后，请及时与我们做好沟通，具体事宜确定好之后再进行创作；也欢迎用已经完稿的稿件投稿。一线教师如希望参与图书案例的创作，可联系我社策划机构，由策划机构备案，在适合的图书中参与创作。

真诚欢迎各位教师踊跃投稿。

联系方式：

西南师范大学出版社高教分社

电话：023－68254356　　E－mail：zcj@swu.cn

西南师范大学出版社高教分社北京策划部

电话：010－68403096

E－mail：guodejun1973@163.com

编者的话

当前，以人为本的教育理念正在逐步深化，素质教育以及基础教育课程改革不断推进。在这场深刻又艰苦的教育改革中，涌现了无数甘为人梯、乐于奉献的优秀教师。他们积极探索、更新观念、敢于创新、善于改革，在实践中创造性地发展、总结了很多先进的教育思想、教育理念；创造性地开发了很多新的教学模式、教学内容和教学方法。这些新思想、新模式、新方法在实践中极大地提高了教学质量，是教育改革实践中的新内涵和宝贵财富。这些优秀教师就是我们的名师，这些新内涵就是名师的核心教育力。整理、总结、发展、推广这些教育新内涵，是深化教育改革、完善教育体制、提高教育质量、提升教师水平的一件大事。

教育，是民族振兴的基石；教师，是教育发展的根基。

胡锦涛在全国优秀教师代表座谈会上指出："教师是人类文明的传承者。推动教育事业又好又快发展，培养高素质人才，教师是关键。没有高水平的教师队伍，就没有高质量的教育。"十七大报告又进一步强调了必须加强教师队伍建设，不断提高教师的素质。当今世界，社会进步一日千里，科技发展日新月异，知识更新的周期越来越短。教师作为"文明的传承者"更要与时俱进，刻苦钻研、奋发进取，尽快提升自身素质和能力，为推动教育事业的健康发展贡献自己的力量。

基于以上，西南师范大学出版社策划、组织出版了大型系列教育丛书——《名师工程》。希望通过总结名师的创新经验、先进理念，宣传名师的核心教育力，为广大教师职业生涯提供精神源泉和实践动力，在教育实践层面切实推动从教者职业素养的提升。通过《名师工程》实现"打造名师的工程"。

丛书在策划、创作过程中力求实现以下特色：

一、理念创新，体现教育的人本精神

教师角色在以人为本的教育理念下发生了重大的变化，教师的素质和能力也面临更高的要求。如何弘扬、培植学生的主体性、增强学生的主体意识、发展学生的主体能力、塑造学生的主体人格等问题成为教师在目前教育中亟待解决的难题。丛书以教育管理者和教师为主要读者对象，通过教师综合素质的提高而将人本教育的思想落实到教育实践中，真正实现教育培养人、塑造人、发展人的本质要求。

二、全面构建，系统提升教师的教育能力

丛书选题的最大特点就是系统、全面地针对教师教育能力的提升而展开。施教者的能力决定教育的效果，教育改革的落实、教育效果的提高无不体现在教师身上。丛书针对不同教育能力、不同教学要求、不同教育对象，有针对性地设置选题。棘手学生、课堂切入、引导艺术、班主任的教导力、互动艺术、课堂效率、心灵教育等等，这些鲜明的主题从教育的细节出发，从教育实际情况出发，有针对性地解决问题，让教师在阅读中学有所指、读有所获。

三、科学权威，体现教育的时代前沿性

丛书邀请全国各地著名的教育工作者执笔，汇集在教育改革与实践中涌现的先进理念、成果和方法，经过专家认真遴选、评点总结而成，代表了目前教育实践中先进的教育生产力，具有时代前沿性，是广大一线教师学习、借鉴的好素材。

四、注重实践，突出施教的实用价值

丛书采用了通俗的创作方法，把死板的道理鲜活化，把教条的写法改变为以案例为主，分析、评点为辅，把最先进的教育理念和方法融入有趣的情境中。经典的案例，情境式的叙述，流畅的语言，充满感情的评述，发人深省的剖析，娓娓道来、深入浅出，让教师更充分地领会先进、有效的教育方法。

在诸多教育、出版界同仁的支持与努力下，"名师工程"丛书陆续推出了"名师讲述""教学提升""教学新突破""高中新课程""教师成长""大师讲坛""教育细节""创新语文教学""教育管理力""教师修炼""创新数学教学""教育通识""教育心理""创新课堂""思想者""名师名课""幼师提升""优化教学""教研提升""名校长核心思想""名校工程""高效课堂""创新班主任""教育探索者"等系列，共170多个品种，后续图书也将陆续出版。

丛书在出版创作过程中得到各地、各级教育部门与教育工作者的大力支持与帮助，在此一并表示感谢！

教育事业是全社会共同的事业，本丛书的出版一方面希望能对广大教育工作者有所帮助，共飨先进成果；另一方面也是抛砖引玉，希望更多的教育工作者参与到出版创作中来，百家争鸣、百花齐放，为促进教育事业的发展共同努力！

目录

第一章
以心育人，源自生命的底色

与大多数人不同，十一岁前的童年，以及形成最初教育认识的中师生活，我都结缘雪域高原。这一片神秘而纯洁的土地，滋养了人性中的朴素、单纯与真诚。人生的书页不管翻到哪一章，都离不开这段特殊境遇中形成的人生底色。

那条属于记忆的路

夜幕落下，我静静地坐在办公桌前，看着窗外的车来车往，思绪又开始放飞，仿佛随着连绵的电波，穿越时空的界限，再次来到了遥远的雪域。

广袤的时空，在信仰藏传佛教的藏民族那里，显得更加神秘和深邃。在他们眼里，前世今生的一切，似乎都可以在时空中获得轮回。多少年来，在藏区的每条路上，时时可以见到虔诚的朝圣者，蓬头垢面，一路风尘，磕着长头缓慢地向着心中的圣地前行，那是一种怎样的苦难历程啊！无数朝圣者的生命也正是在这艰险的路途上画上了句号。幼年时，每次看到路边朝圣者的场景，我都会产生一种莫名的心灵震撼。因此，我确信，对于行路的艰难，藏族人民一定有着更加深切的体会。正因为这样，现代文明带来的时空观念的改变，也给藏民族带来了更大的心灵触动。于是，我们才听到了《向往神鹰》《天路》这样优美而充满神奇想象的歌曲。歌曲自然是充满了浪漫情怀，但现实中的人们，对于雪域上的每一条交通线路，却有着更加真切的体会。

童年时，我最喜欢一部电影，名字叫《五彩路》，讲的是几个藏家小孩历尽磨难找寻川藏公路的故事。除了故事本身，其实我童年时代对于电影的很大一部分喜爱，就集中在这个充满幻想的名字上面。而在我眼前，活生生的有着一条五彩路，那就是几乎和川藏公路同时修建的成阿公路。

这条长达505千米的公路，自从它修建的那天起，就注定了是一条充满着故事的路。

六十多年前，共和国刚刚成立，在万般艰苦的物质条件下，我们开始了这条充满艰辛的道路建设工作。没有挖掘机，缺少推土机，一切工程作业都依赖原始的手工制作的工具和炸药的帮助进行。在如此简陋的条件下，无数的解放军战士用鲜血和生命为藏区的人民铺就了这条五彩路。当公路像哈达一样悬挂在高原之上的时候，几百名战士也静静地长眠于理县烈士陵园的地下。

公路的诞生是艰辛的，它的生存也并不容易。很小的时候，我就熟悉了一个也许只有西部人才理解的名词：道班。今天生活在都市的人们几乎不知道这个名词。然而，在成阿公路上，道班却实实在在地成为不可或缺的元素。在人烟稀少的藏区，这条长505千米的道路的许多路段上，少有人类的聚居地。然而，穿行在这些地方的道路却需要有人保养。于是，在这些渺无人烟的荒原、草滩，时不时矗立起几间平房，几座院落，这就是道班，雪域高原特有的风景线。多少年来，道班里的养路工人们，克服着物资的短缺、精神的寂寞，保持了成阿公路永远焕发的青春。

成阿公路，它是一条希望的路。从道路修成的那天开始，就决定了阿坝将不再寂寞。无数人带着对雪域高原的向往，到这片土地上来了。他们带来了文明和科技，与这片土地融合，谱写了一部部建设者的传奇故事。也有不少的阿坝人带着憧憬出去了，他们带去了雪山草地的豪迈情感和美丽传说。从此，当藏家儿女们用特有的民族服饰和高原红向世界展示自己的存在时，世界知道了阿坝，阿坝也向世界敞开了自己的神秘面纱。在这条公路的连接下，阿坝不再是一个孤立的元素，它和世界一起发展、一起进步了。

成阿公路也是一条景观路。从成都出发直到鹧鸪山脚，沿途可以领略岷江的激流惊涛，也可以欣赏峡谷的雄俊秀美，还可以品味米亚罗的深山红叶。翻过鹧鸪山踏进高原，又可以观赏龙日坝上的灌木丛林，还有一路的高山草地。这条路上永远不缺风景，当许多去九寨沟的旅游者们抱怨沿途坐车的枯燥时，我就想，他们崇尚九寨的秀美，追求美丽的结果时，却将沿途的美景都扔掉了。

世间总是有遗憾,成阿公路也是如此。在那笃信人定胜天的年代,人类对于阿坝茂密的原始森林的无限欲望,也因为这条公路的存在而轻易实现。于是,人们毫无节制的砍伐开始了,无数的参天大树倒下了,装上卡车,源源不断地沿着这条公路运到了内地。许多年以后,人类终于为自己的无知付出了代价。缺少了森林的护佑,风沙开始侵袭我们的草原,荒漠开始占据牧人的家园。只有这时候,我们才终于明白了人不能胜天。在自然面前,我们永远是那样的渺小。这是我们人类的痛,也是成阿公路的痛。

今天,人类已经进入了 21 世纪,这条五彩路仍然静静地悬挂在阿坝高原的崇山峻岭上。它老了吗?不,我想它永远不会老。阿坝人不会忘记这条带给我们梦想和吉祥的路,未来,它一定会变得更加美丽。它将用更加雄壮的身姿,迎接八方来客,宛如我眼前的这条条大道。

我的童年

封存于大脑中的童年记忆，是简单而又生动的。简单是因为童年生活的小县城没有今天所居住的大都市的热闹与喧嚣，生动是因为那个年代的童年与今天的儿童相比，少了许多的竞争与压力，更多的是自由自在。

我记忆中的阿坝，只有几条大街，拼接成一个不完整的“开”字形，我就住在“开”字形右下方的畜牧局院内。南面是林业局，再下去就到河边了。河边是孩子们的天堂，夏天，我们都喜欢去捉鱼。那时草原的鱼非常多，一个人在下游把撮箕放下去，再来一个人从上游往下一赶，然后抬起撮箕，活蹦乱跳的鱼就都在撮箕里了。然后拿出罐头瓶，挑漂亮的装了回去，成为自己向邻居小孩炫耀的资本。回家后精心饲养，这小鱼就成为家中的一大景点。放学后，很多时候是守在鱼缸边度过。

沿着河边向上，沿路是土房水磨，一直到大桥下。大桥是当年阿坝最漂亮的建筑之一。我一直把它叫作阿坝大桥，也许是童年的眼睛看所有的东西都觉得大，阿坝大桥的雄壮一直留在了记忆里，虽然现在我知道它不过是到阿柯林区的一座普通的桥而已。跨过大桥就是大山，我的老师告诉我，那山是巴颜喀拉山的尾部，于是它也在我的头脑里留下了神秘的印象。在县城里，可以远远地看到稀稀拉拉的汽车在山坡上努力地拉着斜线，后面留下飞扬的尘土，好像在山后有更精彩的世界。可惜，直到离开阿坝，我都没有机会跨过大山，看到山后的世界。

我的小学坐落在“开”字地图的上边。现在想来，那时的县城其实很小，从家到学校，也基本贯通了整个县城的南北，而走完这段路，仅需七八分钟。在我的记忆里，阿坝的街道没有人行道，最初是土路，后来，用一块块约一平方米的六边形石板铺成了大街。路上除偶尔有自行车或拖拉机外，极少见机动车辆。见得最多的，其实是马和驴，这是那里的牧民最常用的交通工具。因为道路的这种情形，上学放学，大人从不担心安全。上学路上，我经常是跳着单绳前进，那份自得今天难以用文字表达。

小学准确地说是建筑在山腰，因此从校门到马路还有一段斜坡。每次放学时，一大堆孩子从斜坡上冲下去，冲破了街头的沉寂。印象里，小学生活非常充实，和现在的小孩们天天面对书本全然不同。农忙的时候，我们要到周围的麦田去捡青稞；县里要搞赛马会了，我们会停课表演节目；班禅大师要来了，我们天天训练欢迎仪式。孩子们都觉得好玩，不上课比什么都强。记得班禅来时，整个小县城都很热闹。那时很多大人要带着孩子去了格尔登寺院，排队等着活佛摸脑袋。也许因为是汉家的孩子，我一次也没去经历过。

小学后面是天葬台，而我们这些孩子的眼睛里没有恐惧，每当天上苍鹰盘旋，后山上吹起号角的时候，同学们一下课便争先恐后地越过学校背后的围墙，爬上山坡，想看看究竟。但在印象里，每次的尝试都失败了，被赶了回来。

小学里最快乐的活动要算野餐了。学校每年夏天都组织同学们去野餐，一到这个时候，我们几天前就开始兴奋，缠着父母为自己做准备。当天一大早起来，背上行囊（也就是小书包而已），踏着晨露，一路高歌向目的地走去。野餐的地方每年都不一样，但都是在水草茂盛的草地上。到了以后，摊开油布占据地盘，摆好食品饮料，然后尽情嬉闹玩乐。有时带些干粮，有时我们也会用三个石头支起锅，煮点简单的东西。记忆中，我们做得最多的热食，就是用同学带来的茂县苹果做汤，现在都不敢想象，那些被煮过的苹果到底是什么味道了。在野炊的时候，老师们也不轻易批评任何人。每一次，我们都是在夕阳西下的时候，披着晚霞，依依不舍地作别这短暂的乐土。

记忆里的春天

我是1972年在重庆统景出生的。出生后一个月，父母就将我带到了他们工作的阿坝高原。记得最初三年，我生活在阿坝县城的一个小乡镇，叫麦尔玛。之后，父母调到了县城的畜牧局。我们在这里生活了整整八年，这个院落成为我童年记忆的珍藏。

童年时代的畜牧局院落，面积其实也不大，前后一共三排平房。南面两排平房之间有一大块空地，西边是马路，东边是武警中队。在前后单位房屋和简单的围墙的隔离之下，形成了一个相对封闭的院落，院里的孩子们跟随父母分住在三排平房里。院里的孩子年龄相仿，大家便经常聚在一起玩乐。记得当时，我们除了跳绳、跳房、抓子、掷沙包、滚铁环等那一代孩子都玩的游戏外，因为特殊的自然条件，还让我们享受到了许多难忘的乐趣。无论春夏秋冬，孩子们都能创造让自己快乐的活动。

和平原不同，阿坝的春天来得比较晚。经过冰天雪地的冬天，在第二年的四五月份，阿坝的人们才可以深切地感觉到春天的到来。当院落里光秃秃的树上长出嫩芽，当道路四周雪地上冒出星星点点的绿，我们就知道春天将来了。

春天的畜牧局大院里，孩子们最大的乐趣也许就是捉鸟了。我已经忘记当年的阿坝天空中到底有些什么鸟了，印象最深的就是麻雀，叽叽喳喳，到处都是。孩子们之所以选择春天捉麻雀，是因为春天有很多“嫩”麻雀——就是刚孵出来的雏鸟。这些麻雀比较“傻”，不知道危险的存在，也就比较好捉。和鲁迅在百草园的法子比起来，我们捉麻雀的方法比较“自动化”,一般都是用四块长砖围成一个“口”字形,再拿一块砖放在上面,用木棍支起一个边,木棍下面压一块扁平的木片。木片伸向“口”字里面,在上面放上几粒青稞,然后远远地等着,看着鸟儿钻进去吃食,触动了木片后带动木棍倒下,上面的砖盖下来,就将小鸟关在砖做的笼里了。别人用这个方法都逮到过鸟,唯独我不行。不是鸟吃完青稞飞走后砖块都还没动,就是早早地倒下来,反正就是一无所获。当院里别的小伙伴捉到鸟时,他们就在鸟的一只腿上绑上绳子,带着这个宠物满院溜达,让大家羡慕不已。于是,大家就会凑上去围着鸟儿,摸一摸,抱一抱。小伙伴们也会交流自己的知识,告诉对方,捉过鸟的手写字是会发抖的。回家一试,果然如此,心里就不免担心起来,不知道这情形会不会一天天更加严重。

春天刚到的时候,院里的土地也会开始吐露生机。三排房子的正中是一片空地,分成了许多小块。畜牧局的职工一家一块,叫作“自留地”,家家户户都在这时开始了春天的耕种。在记忆中,那时交通闭塞,阿坝人吃的蔬菜大多是靠自己种。阿坝的气候恶劣,适宜栽种的蔬菜很少,只有萝卜、白菜、土豆、豌豆尖,还有胡豆。每逢这时,我总是跟在母亲身后,在她刨出的坑里丢下一颗颗的种子。而后,每天都会去地里浇水,察看,耐心地等着它们出土。那时,跟大人种菜一样,我们也会种上自己的东西,找院子里的空地挖个小坑,种上几颗葵花籽,然后大家都会每天去观察一番,耐心看着它发芽,长出叶子,两片、四片……一直观察到花骨朵长出来,但每次都等不到收获,结出葵花盘子。因为出土不久,院里调皮的男孩就会悄悄地将它摧毁。

河边,也是阿坝春天里的乐园。当春天到来时,我们就会找来竹条和纸,把竹条削成很薄的几片,绑成“王”字形,再在上面粘上一张大纸,下面贴几根纸条,风筝就做好了。傍晚,我们常常缠着父亲带我们去往河边放风筝。河边是一片极空旷的场地,在这里,我们可以尽情地奔跑,更不用担心会有电线。记得自己做的风筝一次也没放起来过,飞得最高的风筝,还是父亲帮着做的一只。放到天上后,线断了,我们追了很远,也没有找到。但那只风筝,的的确确在小伙伴中“牛”过一次,感觉是很得意的。

夏日印象

夏天，是高原最美的季节。

到了六七月份，阿坝的夏天才姗姗来到。夏天的阿坝，所有的事物都迸发出强大的生命力。大院里的树木舒展开枝叶，努力吸取着高原充裕的日光和空气，似乎是为寒冬做好储备。院坝中间菜地里的各种蔬菜也都郁郁葱葱地长出来了。四周野地上的各种野生植物，也都争先恐后地茁壮生长。这是阿坝最有生机的时光，也是孩子们玩得最开心的季节。

大概六月初，我们刚脱下冬装不久，地里的胡豆结果了。躲进大人们的"自留地"偷吃生胡豆，是很多男孩子都做过的事。那时，我们胆小，只在自家种的地里去摘一些吃吃。孩子们都在传言，说吃了生胡豆，会患上一种叫胡豆黄的病，这种病是很不得了的，一旦得了，全身发黄，不久就会死去。孩子间传起来是认认真真的，所以，每次偷吃后，就会让同伴看看自己有没有发黄，回家后还要反复看看镜子，看自己的脸黄了吗，脖子黄了吗，手黄了吗。这种经历，仿佛是冒着生命危险去做的，回家更是不敢告诉父母，只好在忧心忡忡中过上几日，而后就忘记了。第二年胡豆结出时，还是会去偷吃。

在当年畜牧局的院中，几乎家家户户门前的空地上都用木板围起了一个花圃，然后种上各色的草原鲜花。这是父辈们当年在阿坝的业余生活之一。夏天鲜花盛开的时候，这些地方也是我们的乐园。小朋友们在这里捉野蜜蜂，远远地看到蜜蜂来采蜜，取出手绢，轻轻靠近，一把兜过来，就将蜜蜂抓到了。然后是捉住翅膀，在衣角吐上口水，将蜂尾对着衣角抖动几下，蜜蜂就将唯一的刺放了出来，这样就不用担心被蜇了。但也有失手的时候，刺没取出来，手指反而被蜇了，然后就得又肿又痒地过上好几天。

每天黄昏后，院坝里的小孩聚得最齐，这时候大家都喜欢玩捉迷藏。那时，院子里常常会堆放一些木材，木材堆里的缝隙也常常成为我们藏身的好去处。夏天的院里到处长满了各种野草，最茂盛的是一种叫牛耳大黄的。这种草长得又高又大，躲在里面不易被发现，再加上院里葱郁的灌木，找人的小朋友往往要动足了脑筋，才能把所有藏起来的人找出来。经常是躲起来的小朋友实在按捺不住了，自己跑了出来。而有时，我们这些充满想象的孩子也会把这一地的牛耳大黄视作与自己交战的敌人，挥动着手上的棍子，大叫着“常山赵子龙在此”，然后挥棍横扫，几根牛耳大黄应声倒地，自己便是一脸得意，俨然叱咤风云的派头。虽然那时我是女孩子，可院里的男孩子太多，我也被渐渐地同化了……

畜牧局大院的旁边，以前是县城的民兵中队。记得还有一座关押犯人的监狱，每天都有士兵在监狱边的围墙上站岗。我们在大院里调皮过度的时候，总担心着对面站岗的解放军叔叔会跑过来把自己关进监狱里去。随着年龄的增长，也终于明白了对面的叔叔与自己是无关的，于是胆量也越来越大了，以至于爬过围墙，发现围墙那边就是中队的一块蔬菜地。当全院的小孩都知道这个消息后，便经常有人爬过去，将地里的萝卜偷拔几根过来，大家分着吃。那萝卜甜甜的，味道很好，只是在今天的蔬菜市场，我从来没有看到过那种品种的萝卜。记得那时，因为常常和哥哥一起出去玩，这群男孩子要去中队偷萝卜时，为了不让我回家打小报告，他们会对我说尽好话，甚至还会采取一些“贿赂”，然后我就跟着他们，帮他们放哨。当看见中队有人过来时，一定大叫一声“跑”。有一次，中队的一个穿军装的人已经进入萝卜地后我才发现，叫过“跑”后，自己也吓得没命地跑了，边跑边往后看，结果同行的伙伴只有两个动作敏捷的人跑了，另外两个被抓住了，我哥也在其中。于是，我跑了一半就不动了，大哭起来，那时心里担心的就是我哥会被抓走呀！可是刚哭了一会儿，那个中队的人就走了，大概是因为他有着对童心的理解，也只是吓唬吓唬我们而已。

金黄的秋季

从八月下旬开始的秋季，是阿坝的黄金季节。

这个季节，整个草原的色调开始变暖。金灿灿的黄似乎就是我记忆中阿坝秋天的主体色，首先是北风吹黄了远山的草地，然后青稞开始成熟，黄澄澄的麦田遍布在县城四周。

对我们这些小孩而言，秋天也是玩的季节。秋天的蚂蚱特别多，我们都喜欢在院坝下边的一大块野地上寻找蚂蚱，抓来以后就找个罐子放起来。大家将捉来的蚂蚱放在一起，学着书上的样子来斗蟋蟀，可蚂蚱从来不配合，书上描绘的战斗场面从没见到过。大家对不成功的原因也就各有各的总结，有的认为挑逗得不够，有的认为这蚂蚱在同一个地方捉来，大概本来就是“一家人”，不会内斗的。我也深深地被这个问题困扰着，直到现在才明白，原来幼年时我们认为蟋蟀就是蚂蚱的概念是错的。

大院南边有一片青稞地。每年青稞成熟的时候，这片地里的青稞都长得又高又壮，调皮的孩子们当然不会放过这块好地方。我们有时候将成熟的青稞穗摘下一大把来，找个地方点上火，一根一根地烤熟了，然后慢慢享用这带着麦香的青稞粒，甚至跑进青稞田里，将快要长成的青稞推倒，用密密麻麻的青稞秆为自己“铺”上一张床，在上面美美地睡上一觉。但做这件事很危险，如果被负责实验田的叔叔发现了，告到父母那里，后果是很严重的。与男孩子一起在青稞地里，我记得自己做得最多的一种试验，就是试做泡泡糖。童年的我对这种小食品可以说是情有独钟，有泡泡糖吃，是最开心的，但父母一直认为这东西不好，也很少满足我。于是，在青稞成熟时，我常做的就是把青稞和牙膏放在一起使劲嚼，认为这样可以做出有薄荷味的泡泡糖，结果就可想而知了。

阿坝的秋天，常常会有一两场大风。这么多年了，我也只是在阿坝真切地听过阴风怒号，见过很多孩子只能在书上看到的旋风，用飞沙走石形容也一点不为过。不过，那时的风，在孩子的眼里也会带来少有的乐趣。风起时，地上的纸片常常会被风卷起，飞到两三米的高空，飘很远后，慢慢落下。在风中，我们总是在头上罩着纱巾保护双眼，然后就追着飘起的纸片奔跑，想要在风中抓住它。当狂风怒号时，我们的心里其实是没有恐惧的。在这种风中，我们会找到特别的感觉。当我们顺风而行时，强大的风力推着自己，感觉自己就要离地而起，有一种要飞起来的幻觉。这样的感觉对孩子来说，是极有吸引力的。现在想来，那里的气候的确是极其恶劣，但作为孩子，我那时是不会这么去想的。

冬季趣事

高原的冬季来得实在早。

过了10月，萧瑟的秋风中那刺骨的寒冷很快将阿坝吹入冬天。一两场雪过后，冬天就真正到来了。

冬天的阿坝是很艰苦的。在离开阿坝几十年后的今天，“冷”还是我对阿坝的冬天最强烈的感受。中国北方的大部分地区，冬天虽然寒冷，在室内却有暖气，其实并不冻人。阿坝的冬天却完全依靠火炉取暖，热能分布严重不均。教室里冬天就只有火炉边是温暖的，其他地方大都寒气袭人。那时，我们早上要九点过后才去学校，而进学校后的第一件事就是生火。老师每天只上语文、数学课，把表现好的孩子调到火炉边坐，是老师常用的奖励办法。为对抗严寒，不知道什么时候，有人发明了一个游戏，叫“挤热火儿”：所有的小朋友都到拐角的墙边站成一排，然后往前挤，努力地将前面的人挤出队列，向拐角靠近。挤出队列的人自动回到队伍尾部，重新开始新的征途。这个游戏伴随着我度过了童年所有的冬天，在“冷”的回忆中留下许多欢乐的瞬间。

寒冬的阿坝是不会有蔬菜生长的。在交通闭塞的阿坝，蔬菜也很少进得去。即便有外地的蔬菜运来，但经过翻越鹧鸪山的跋涉后，货车里的蔬菜也早已没有蔬菜的味道了。即使是这样，当这些蔬菜运达县城时，也成了县城食品商店最热销的商品，不到半日就一抢而光。阿坝人为了解决寒冬的蔬菜短缺问题，家家门边的空地上，都有一个极具特色的地窖，用来存放秋季从自留地里收获的白菜、土豆、萝卜。有了这样的储备，就可以过上整整一个冬天了。在“冷”的记忆中，却有一个“热”的地方，那就是地窖了。每次去那里，掀开地窖上盖的木板，就会感觉有热气在升腾。家里只有七八岁的我身材小巧，进地窖后刚好可以弯身拿到存放的菜，于是严冬时，父亲每隔两三天，就会把我放进地窖去帮他取一次菜。地窖虽然黑，但是暖和，那种感觉也充满神秘，所以每次父亲叫我做这事，我都会高兴地接受。

冬天还有件快乐的事就是滑冰。和现在城市的冰场不同，童年的生活条件并不允许我们拥有滑冰鞋，我们的滑冰工具都是自制的。多数人都是去林业局找来三个伐木用的抓钉和一块木板，抓钉成“品”字形钉在木板上，冰车的制作就完成了。放到冰面上，坐上去，找两根铁棍，就可以滑行前进了。在各个机关的院子里，孩子们会将水井里的水抽到地面，大面积地流到院子里，一天之后冰场就自然形成了，直到春暖花开。

尽管这里的冬天是极度寒冷的，但下雪时，孩子们还是会堆雪人，打雪仗。记得那时，父亲用木板在我家后面搭了一个堆放煤炭、柴火等燃料的棚子。冬天，檐上总是挂着一根根二三十厘米长的冰柱，这些冰柱成了我们那时常去吃的“冰棍”。

冬天凛冽的寒风减少了孩子们很多的快乐，但也给了孩子们不少期望。由于多数孩子的父母都来自其他地方，有时春节要请假回老家探亲，孩子们也盼望着跟随父母回去长长见识。于是，时不时地就有小孩在其他小孩羡慕的目光中踏上东去的班车。

探亲的日子对父母来说，其实很辛苦。难得回一次老家，从决定探亲的第一天开始，父母就会忙着准备探亲的礼物。阿坝高原盛产牦牛，探亲前，家里都会想法买回很多牛肉，然后父母忙上几日，把肉切成条，炸干后放上芝麻、白糖，制成牛肉干，再根据回老家要探望的亲人人数，分装成一袋一袋的。在那个物资紧缺的年代，这种牛肉干是我们最爱的食品，所以，只要父母在忙，我们就在锅边守着。只要有足够的耐心，就会让自己一饱口福。出发的那个早晨，五点多，我们就跟在大人身边，穿得厚厚的，围上围巾，戴上口罩，冒着寒风去车站。尽管高原冬季的黎明是极度寒冷的，脚下是厚厚的雪，嘴边冒出团团白气，小手指冻得无法伸直，但每一个出行的孩子都不会去抱怨。班车的油门一响，就会开往山外的都市，孩子的眼里是充满期盼的。

几十年后的今天，我经常想，当年带给我无限快乐的院落，如今又是怎样的光景呢？也许它还是畜牧局，后来的高原工作者们也许还战斗在这个地方，他们的子女也许正值我当年的年龄。我相信，今天的他们也一定体会着带有阿坝特色的童年欢乐，我也祝福他们有一个金灿灿的未来！

中师生活

一场自然灾难瞬间夺走数万同胞的生命，带给了故土毁灭性的破坏。看到网络上映秀镇满目疮痍的画面，我实在不敢去想象，距映秀仅二十多千米的汶川县城今天是怎样的模样。灾难发生后，每天上网搜寻救灾进展几乎成了一种心理寄托。一旦空闲下来，心绪总会飞至汶川，情不自禁地想到在那里经历过的人与事……

我是1988年秋天，初中毕业后进入阿坝州汶川威州师范学校的。1990年3月，因为父亲工作调动离开了阿坝，我也跟随父亲到了重庆，作别了这座校园。在威州师范学校，我只待了一年半。时间不长，但是这段生活是我步入独立人生的起点，对我的一生有着很大的影响。在当时的阿坝州，这所师范学校是仅次于阿坝师专的一所学府，为阿坝的建设培养了许多人才。而在这所学校任教的老师，也是阿坝州选拔出的优秀人才。那个年代的阿坝人，已经很清楚地认识到振兴阿坝的希望在教育，而发展教育的根本是教师，所以，那时就有许多有识之士在威师集结，他们用自己的青春与热情灌溉了这片土地。当时威师留给我最深的印象就是校园的圣洁，就如同高原的天空，永远是一片湛蓝，以至于离开阿坝多年后，在我的脑海里，那里依然是我这一生感觉到最能唤起激情的地方。

记忆中，威师校所在的汶川县城是个依山傍水的美丽小城。县城处在岷江与杂谷脑河的交界处，县城里的人们，无论在哪个角落，耳畔永久回荡的就是那奔腾不息的滚滚涛声。魁梧的威州大桥横贯大江之上，成为这座县城宣传红军精神的重要历史遗址。威师校建在县城北边的半山腰上，同我童年所在的阿坝小学一样，要走一段斜坡才会到大街。学校不大，三个年级共九个班，另有两个民师班，全校学生五百人左右，校园面积大约二十亩。学校正中是操场，东面和南面是教学楼，西面是一栋综合大楼，学校的食堂、图书馆、办公室都在这栋楼里。北面就是礼堂和学生宿舍了，宿舍后面还有一排低矮的琴房，宿舍和琴房都依山而建。在威师，每个周末我们都会去爬山。漫山的花椒树，石头垒成的羌族民居，是记忆中最熟悉的画面。山的最高处，是沉淀了两千年历史风雨、三国时蜀将姜维驻防时留下的古城墙。每次登上山顶，站在古城墙边，凭风远眺，浪涛怒吼，心灵深处感觉到的是古城透出的风骨，融化在精神里的是英雄的豪迈气节。

现在想来，如果阿坝县城的童年生活给了我独有的乐趣，那么在威师，就是是文化的熏陶了。我就是从这里开始，学到了很多幼年时代、少年时代就想了解却无从认识的东西，也是从这里开始，我更深刻地理解了人的一生应该学什么，感受到了许多文化人的深沉与丰富。

触摸艺术

在许多都市人眼里，汶川处于社会文明滞后的民族地区，交通不便，信息不畅，教育发展也必然落后。但是，亲历过威师的教育，我总认为，作为阿坝州南大门的汶川，在那时其实已经用最质朴、最真实的方式向人们开启了素质教育、校本特色教育之门。我甚至觉得，那些深居高等学府的专家教授终日坐而论道，把可以用明确的行为来执行的教育变得如同雾里看花时，倒不如回到90年代的威师校，看看阿坝人是怎样诠释“素质教育”的。

威师校是一所中等师范学校，其目标就是培养小学教师，突出的实践性，是这里的教育的一大特点。进校后，我们一直坚持珠算、书法、琴法、普通话等一系列培养小学教师基本素质的训练，每天有固定的时间练习算盘、练习毛笔字。学校还时不时地为这些技能训练提供竞赛展示平台，在这样的氛围里，多数学生很认真。也正是从那时，我看到了一处与我的初中学习完全不同的芳草园。这些实践性的训练，对我有莫大的吸引力。

在这里，我终于接触到了幼年时代就梦想的琴键。那时，学校是从我们进校后的下半期才开始琴法教学的，指导琴法的音乐教师算不上专业高手，但她却是我记忆中最慈祥的老师。在没有教学压力的中师学校，她对课堂始终保持着严谨认真的态度。当我步入社会，也身为人师时，想到她，心中仍会顿生敬意。正是在她的悉心指导下，我知道了五线谱的基本知识，学会了乐曲弹奏时的一些简单和弦、八度伴奏。现在想来，这些技法远不如今天在钢琴边长大的孩子，但是，偏偏是这样的教育将我带入了一个全新的音乐世界。在我的记忆中,那时候学校为了让大家在交流展示中发展,每周日晚全校同学在礼堂开例会前,都要以班为单位选出代表,在台前进行十分钟的歌曲教唱活动。一个同学伴奏,十来个同学教唱,《指南针》就是那时我们班带给全校的歌曲。那也是我一生中仅有过的一次伴奏,就用简单的八度,但对音乐的感觉也是从那里开始。可惜后来离开了威师校,学习也就随之停下来了,到现在,我也只会这点技法了。

在威师校,有一位叫杨永平的书法老师(同学中传言他一生为了追求书法艺术,选择了独身),教学书法可以说是出神入化。记得那时,班上很多同学因为他而酷爱书法,在他的影响下,大家不约而同地痴迷于欧体临摹。一个班的学生,在一段时间里,竟然出现很多相似的笔迹。

在威师校一年半的学习中,我受益终身的,应该是我找到了自己在普通话表达上的自信。因为在这里的训练,我找到了演说的感觉。后来在不经意中,我走上了演讲的擂台,并一次次地征服听众,一次次捧回奖杯。看到自己在成长路上收获的一切,我无法忘记自己是从汶川威师校起步的。

怀念恩师

中等师范学校摆脱了高考的沉重樊篱，在这样的空间里，威师校的教师可以选择极富个性特色的教学内容与教学形式。正因如此，这里的教育也就有了一片更加广袤的原野。与同年龄的高中学生相比，我们的校园生活也自然多了一些明亮的色彩。

记得当时，我们的班主任何平是一位刚从西南师范大学（现西南大学）毕业的年轻人。因为年龄接近，大家相处很和谐。在潜移默化中，何老师的思想与气质深深地影响着大家。他很正直，很有才华，弹得一手好吉他，喜欢指导学生用演剧的方式表现生活、表达思想。我是从他那里，第一次知道了哈姆雷特，也是在他的指导下，参加了平生仅有的一次戏剧表演。当时表演的服装、音乐极其粗糙，同学的演技其实是很笨拙的，但是当扮演陈铁军的同学以不屈的神态被押出，刑场婚礼拉开帷幕时，礼堂还是响起了一片掌声。虽然我只是负责剧情解说，可内心却有一种情感在升腾。我们感觉自己真的把正义、积极向上的力量传达出来了。这一切，令我至今无法忘怀。多年后，想起这些，我更加感觉何老师的的确确是把健康的思想教育视为教学的全部。记得有一次午间唱歌，教室响起同学们唱《站台》的歌声，唱得很放松也很有个性，表现出流行的色彩。出乎意料的是，何老师竟然冲进了教室，拍打讲台，叫停后严厉批评，而后让我们唱《爱的奉献》。我想，这种经历是很多十七八岁的学生不会遇到的，很少有老师会去干预十七八岁少年的唱歌，但何老师对“人间情美”的理解却在当时触动了我们的心灵。他也曾一次次地鼓励我学习琴法，让我从音乐中去感受生活的美。多年后，想到这些，我就对此心存感激。应该说，何老师是一个典型的性情中人，没有太多师道尊严，看重的只是与大家的师生情缘。很多时候，他总是向我们感慨“天下没有不散的筵席”。在我一生所遇到的语文教师中，也只有他在教学古文时，不会刻板地翻译原文。至今，我还记得他带我们阅读李白《梦游天姥吟留别》时，流露出的忘我的神态。

1990年3月，父亲因工作调动，到威师校为我办理了转学手续。临行时，何老师送了我两份珍贵的礼物：一本《演讲与说话艺术辞典》和一本影集。他还留下了一段让我一生难忘的赠言：记住这片青草地，相信时间会让我们重逢。最后在落款的“赠”字前又特意加上了一个“泪”字，老师对学生的真诚、对学生的留念，对生活的热爱、对教育的虔诚都融入其中。每当回忆这一切时，我都在内心深处感激命运让我能在步入社会前，在价值观形成的重要路程中，遇到了一位将真诚、正义、善良、高尚植入我心海的良师……

威师校里，还有一位非常出色的生物教学高手——余德全，至今想起都佩服万分。那时的他三十来岁，眼神很深邃，课堂上，你感觉他只看着天花板而不看学生，但奇怪的是他认得每一个学生。刚入学时，他用了半学期，讲了遗传学的很多原理，很专业也很有趣。正是他，让我知道了染色体中的“X”“Y”，知道了一些男性与女性、显性与隐性遗传的科学规律，并学会了推算一些家族病的遗传变化。而后，在教学植物时，他每节课都把我们带上后山，课堂就在山野，让我们在这里认识各种野生的植物，为我们介绍了很多野生植物的种属、科别，并让我们制作了许多植物标本。当时我很奇怪，他为什么会如此深透地知道那么多植物的知识？因为自己认识植物的能力很差，那段时间，最怕的就是在山上与他相遇。他职业习惯太重，一见面就会让你说植物名称。第二学年开始学习动物学后，他又给每个人发了鱼做解剖，认识动物体内的各种器官。后来我离开了威师校，就无法再领教到余老师的精彩教学了，很是遗憾。治学严谨，才华横溢，学者风度，是他至今留在我心中的形象。

告别威师

在威师校，我遇到了涂利军老师。我们都是重庆人，这一生也就从这里开始了与她的缘分。她是同何老师一起分入学校的大学毕业生，在我们眼里，这群年轻教师有太多的共性，充满热情、充满正义、积极向上，校园生活也因为她们而变得更加丰富。但遗憾的是离开汶川不久，涂老师也走了。她调回了渝北区职教中心，成为很受大家推崇的优秀教师。我们重逢后，在一起聊得最多的，就是在威师校的日子，她告诉我，在威师校的教育实践对她来说非常重要。听到这样的感慨，我更加坚定了自己的认识——威州师范学校的的确确是一所难得的好学校，只是生活最终让我们要从这里离开。

记得转学的那天，我随父亲登上了开往成都的班车。没想到班上的同学也来到车站为我送行，我坐在车窗边，望着一大堆同学送别的目光，感动涌上心头。大家互相望着，把微笑留给了对方，没有太多语言。客车驶出车站，我拼命向大家挥手，泪水早已模糊了双眼。现在偶尔回想，依旧感叹少年时的纯真美好……

离开威师快20年了，每次向别人提到这所学校，言语里透出的都是幸运与骄傲。正如涂老师所言："阿坝留给人们的是质朴、是自然、是真情、是无瑕，虽然时间不长，却终生难忘。"我想，不光是我和涂老师，只要是在那里留下过足迹的人，在今天也一定会有这样的感觉。因为那片土地特有的气息会深深地浸入人们的血脉，那里的生活就是种在每个人心灵里的一棵美丽的精神大树，苍翠而繁茂。

当“5·12”地震无情暴发后，无数个日夜，我的心都为这片土地所牵挂，常常泪眼迷蒙。震在汶川，痛在我心。我时刻为家乡的同胞们祈祷着，虽然我身不能与大家同在汶川，但心却与大家相连。我坚信，“凤凰涅槃”固然悲壮，但充满希望，大难后的故土，一定会拥有更多的人文财富，汶川的教育也会因此而更显厚重。汶川一定会更加美丽，故土的同胞必将用自己智慧的双手建设更加灿烂的明天！

第二章
让教学走向开放

1991年，中师毕业的我，来到了渝北实验小学。那年我18岁，对教育，对人生，一片懵懂。职业启蒙最幸运的，便是在这里遇到了人生中两位最重要的领导：陈维美、付启平，一位如慈母，一位如大姐，一切对人生与教育的理解，便从这里展开……

出道赛课

捡拾人生路上过往的碎片，担任一线教师的时间虽然只有八年，但实验小学那一段赛课的经历，是这期间记忆最深刻的一片。

1995 年，有了四年的教学经验后，我被老校长推上了品德学科的赛课征程。那时重庆还没有直辖，赛课便会从片区到县级，到市级，再到省级，最后参加全国赛课，经历五个层次的选拔与竞争。那段历时两年半的赛课，我最终走到了省级赛场，经历了一段成长。

片区赛课，是在当时的实验二小。初次出道，非常忐忑。赛课的那个早晨，我来到学校写好小黑板，便准备出发，没料到老校长来到我的身边，说要与我同去。这一路，她帮我拎上这块黑板，来到了赛课场。上场前，她起身给我整理头发，轻声叮嘱："不用紧张，稳稳地上。"那一幕的温暖，至今留在脑海。片区赛后的一个月，因为教研室汪红主任对我的认同，我很快完成了区级赛课的选拔，顺利参加市级竞赛。市级赛课的方式却不是课前准备好一节课的内容进行展示，而是上课前一天，从教材中抽出一课进行竞赛，所有参赛选手只能报赛课的册次。面对这样的方案，我们唯一的应对办法，就是对上报参赛的那一册教材的课文进行全面的设计与研究。教材有十二个单元，就要有十二个课时的设计。要论证这样的设计是否科学有效，必须放入课堂去实践。假期里，我完成十二个教案的设计后，离正式赛课也仅有两个月的时间。开学后，十二个课时的试教工作也开启。十二个课例，每个课例我都进行了两次试讲。整整二十四个课时，老校长虽然手上有大量的行政工作，但堂堂课她一定准时坐进我的教室，从没有缺过。每次听完试讲，都给我点评一二。也许这些指导还不足以推进我的课堂设计达到极致，但是，她的存在却给了我一种无形的精神力量。如果当时没有她的参与，我很难说独自一人有力量去完成这些试讲。也是这一路的陪伴，让我的准备优于了其他选手，市级赛课取得了全市第二的好成绩，成功晋级省级赛。

那一年，四川省思想品德赛课是在宜宾市举行。临行前的周末，老校长带着她的孙子来学校看我，帮我整理好要带的教具。陪同我一起去的，是教研室的汪红主任，以及我的第二任校长，人生中的一位好大姐：付启平。上课被定在最后一天的下午，课前的三个晚上，我们三个人的房间，就是一个教研室。宾馆床头的墙面是我的黑板，两位导师就是我的学生。虽然出征前，这个课已经被市教科所组织的专家团反复打磨过，但赛课前连续三个晚上，汪主任、付校长依然陪着我一起练课，进一步帮我整理语言、教案。课堂上的每一次举手投足，都依据现场实际，再次精心打磨，就连教学用的幻灯片需要遮挡翻页的细节，都是付校长亲自完成。

多年后，回忆那段过程，那些荣誉证书，赛课过程中学到的教法，课堂演绎技巧，甚至那时有过的压力、艰辛，都变得模糊，但陪同我一起走过的人，却无法忘却。有专家曾经说过，一位教师的成长，其实不在于他经历过多少次重要的培训，而在于他在从教生涯中，都经历过什么；这些经历，都在他的灵魂世界留下过什么。这些留在内心的思想与力量，足以照亮他未来的职业道路。我想，人生中的这一段赛课经历，支撑了我对教育以至教育管理的理解与认识。多年后，当我谈及人生中的两位好领导时，就会想起这一幕幕场景。当我走上管理岗位后，也从来不曾懈怠对参赛教师的陪伴。

宁静致远

1999年，曾经成就了学校发展巅峰的老校长将我放到教学管理的岗位上，并语重心长地送给了我一个座右铭："用非权力因素开展工作。"什么是非权力因素，多年来，我一直用心琢磨着这五个字的内涵。起初，我以为有教学上高明的技术，并能以此指导教师上出高水平的课，或者在教师上课后，能洋洋洒洒地精当点评，算是以能服人了。但作为管理者，我又显现出整体谋略的缺乏。于是，我开始制定学校教学管理细则、教学管理体制，并乘着新课程的东风，推进校本教研的改革实践，建设学校综合实践课程。在渐行渐进的过程中，我悟出了理念更新、开拓创新、以法治教的管理策略。2006年冬天，我到了北京，有幸聆听了北京四中老校长邱济隆的报告。他细致而精辟地解读了苏霍姆林斯基的名言："对教师的领导首先是教育思想的引导。"于是，我再一次审视自身的管理行为，认识到对教师应该最大程度地减少刚性制度，更多地给予柔性的思想指导、人格感化。此刻的我，也似乎在慢慢理解"无为而治"的人生智慧了。在我尝试着用一种人生漫步的心态对待教育管理时，2009年初，我认识了一大批带给我更多思想震撼的国内教育专家。他们从人学的角度解读教育，使我的眼界更加开阔。在这样的背景下，我将自己多年来对"非权力因素"五个字的思考放在了八个字上："励情启智、修身治教"。当自己从内心萌生出这样的认知时，一种"我心有主"

的充实与真实感也随之而来。尽管当下教育处于改革开放三十年的十字路口，面对纷繁复杂的世风，我总能感到一种来自内心深处的教育力量，让我坚定而自信地走择善而从的路径。宁静而致远的朴素与自然，成为我此刻看到的最美的风景。

让课堂留下梦想

学校的教研课启动了。课间走到操场，曹老师说："教研课我上《迷人的九寨沟》，课文很长，学生体会九寨沟的美很困难，一课时也讲不完，我就上中间两个自然段。"随意的闲聊间，我也没有更多地问及曹老师的教学如何处理中间部分，但"学生体会九寨沟的美很困难"这一现状却引发了我的思考。

生命直觉是孩子建立认知、理解、体验的基点。学生没有去九寨沟的亲身经验，没有饱览名山大川的人生积累，自然无法感受到我们成人眼中的九寨之美。即便是成人，由于有着完全不同的人生经历，他们对九寨也会有完全不同的情感。如果我们简单地将教参要求的"体会九寨的美"作为教学设计的逻辑起点，那我们讲出的就只是"印刷体"的九寨。我们只是充当了一个将教参的条款灌输给学生的工具，课堂还是人家的。如果我们将自己对九寨之美的生命直觉作为教学设计的逻辑起点，那么，课堂达到的高度只能属于教师，学生只是一个容器。我们应该如何讲出孩子心中的九寨沟呢？这需要我们研究孩子，用自己的童年去映照孩子，也许会找到一些启发。

童年时我没有去过天安门。我不记得小学教材上有没有一篇用文字勾勒天安门之壮观的课文，我想，就算在小学读过这样的课文，我也不会记得那些文字是如何表达的。为什么？因为孩童时代的人生经验是有限的，生命直觉无法让学生感受文字的意境。在那个年龄，再美的文字，都无法留下深刻的记忆。我唯一记得的就是"我爱北京天安门，我爱伟大领袖毛主席"。

成年后，我的期望就是亲自去一次天安门，那是全国人民都向往的地方。我想，今天我们面对描写九寨沟的课文时，即使付出很多的努力让学生去体会教师眼中九寨的美，学生会不会也和我们童年时一样，让教师的辛苦付诸东流。十年、二十年后，文本的字字句句荡然无存，心中仅有的，就是去一次九寨的希望，因为那是神仙住过的地方。如果是这样，那么我们教学的逻辑起点又可不可以就放在唤起学生去九寨的梦想上呢？梦想在，激情就在。

基于这样的认知去构建课堂，该怎么做？让孩子们读吧，不求理解，只求鉴赏，欣赏丰富的视频，景点视频，游人视频；读丰富的文字，诗歌、传说、散文，乃至容中尔甲粗犷的歌声。无论经过眼睛还是耳朵，都流进孩子的心里去吧，开放的课堂给孩子的不是一个已知的确定的美，它有太多的未知。让课堂付出更多的智慧与努力吧，给孩子留下认识未来的梦想，留下走向明天的热情。

人生=激情+思想+经验

如果写下“学习”一词让你自由联想，你会想到哪些与之相关的词呢？我找来一群学生做了一个有趣的测试，很多学生写下的是上课、考试、作业，大多是与学校的应试教育联系在一起的。学习本是一个极为丰富的社会活动过程，但在很多人的眼里却变得非常狭隘，以至于不少人走出大学校门，就认为学习已经告一段落。这种狭隘的认识，直接制约着他们进入社会后的发展。

为什么有这么多的人对学习的理解会如此呢？这与我们长期以来的教学中对学生的引导有直接关系。片面追求分数导致我们的教学更多关注学科，关注陈述性的知识，而并没有真正关注学科如何运用于实践，更缺少对学习主体在学习过程中获得的情感体验与心理品质的关注。于是，我们的教育培养了一大批有知识没文化、没思想，有技术没激情、没自信的人物。

教学关注上的偏颇导致这样的结果，那么，如果我们转向关注实践，什么又是更重要的呢？实践性的知识一定要在做中才会形成，行动就是根本，学生的发展如此，每一个人的发展同样如此。

如果进行实践性学习，学习主体就会在亲身经历中获得体验以及对这种体验的认识，这就是经验。正所谓“吃一堑，长一智”，经验是在被动与主动中交替形成的，“吃一堑”往往是被动，它仅仅是一种体验，如果不经过主动反思的过程，吃再多的“堑”，也不足以“长一智”，“长一智”就是我们反思行为、积累经验的主动行为，是获得成长的关键。经验连接着行动与行动的结果，揭示给我们的是前前后后的关系，有正确，也有错误。只有能照亮未来的经验，才是正确的有价值的认识。要获得这样的成长，就需要持之以恒的行动与思考。产生这种动力，一方面需要个体的愿望，这不仅仅是一种行为态度，更是一种生命态度，那就是激情；另一方面，需要个体及时更新信息，不断发展反思能力，这就是思想。激情、思想、经验，成为人生发展的三大核心因素。

学生的主要任务是学习。学习什么？学生学生，顾名思义，学习生存，学习生活。那又是什么样的生存与生活呢？有智慧的生存，有思想的生活。这些生存与生活的若干问题，你都弄明白了吗？面对这样的问题，谁也不敢贸然回答。因为我们即使付出一生的努力，也只会体验到一个又一个不断改写的经验和认识，一个又一个不断超越的智慧与思想，而无法寻到最后的结果。所以，从这个意义上讲，每个人一生都是学生，而激情、思想，经验，就是陪伴我们终身学习的根本。

目前，我将人生思考定位在“励情启智、修身治教”这八个字上。它照亮的不仅是我的事业，我的家庭，更照亮了我未来的人生旅程。

岁月如歌 诗意人生（一）

做了这么多年教师，现在我总喜欢思考，教师究竟是什么？在传统的教育中，我们的逻辑起点往往是学生，一切为了学生，为了学生的一切，为了一切的学生。教师在整个教育过程中就成为一个工具，一个帮助学生到达知识彼岸的工具。教师为了成就学生，如春蚕、如蜡烛，要自我牺牲，牺牲了自己，甚至牺牲家人与儿女。于是，教师职业因悲壮而伟大，因伟大而光辉，他们是太阳下最灿烂的人呀！何等自豪！新教育实验的践行者朱永新是智慧的、可敬的，他勇敢地亮出了一面旗帜，提出成就学生的幸福必须以教师的幸福为前提。教师不仅仅要为学生活着，同时要为自己活着。只有教师工作快乐，才能带给学生学习的快乐；只有教师健康发展，才能培养出健康发展的学生。因此，让教师与学生一起成长，才是教育的根本追求。

先知先觉的教育思想家提出了这样的观念，是对传统的极大挑战与冲击，在很大程度上开始了对教师的人文关怀，也唤醒了教师的自我觉醒。我在干什么？我为谁而活着？若干曾经陪伴过我们走向成熟，却因成人后做了甘于奉献的教师而被忘却的问题回到了眼前。尽管觉醒了，但每天面对的是如山的作业，每天迎接的还是那群懵懵懂懂的儿童，每天应付的还是上级下达的诸多突击任务。即便觉醒，又如何改变？经历了“为他人做嫁衣”的无奈后，身心俱疲的我们，还是过着从前的生活。新教育实验给了我们一双漂亮的新鞋，可我们仍走在那条荆棘丛生的老路上。我们没有力量成为明天的教师，阳光、洒脱、激情、自在、思绪如潮，一切让生命闪光的词眼都是梦想，生活于我们，有太多重担。

也有人发出了解放教师的呐喊。只有解放教师的心灵，解放教师的时间，才会为教师的自我提升创造基础。只有拥有更开放的视角，才会接纳来自异域的声音；只有不断被丰富的信息冲击的大脑，才会思如泉涌；只有不断思考，才会有行为的改变；只有行动的改变，一切创意才可能成为现实，才会真正成就教师的幸福。教师需要解放，需要从常态的工作中得到解放，从备课、批改作业、辅导学生中得到解放。

每一个教师听到这样的呐喊，都会从心底涌起一份感动。但激动过后，让我们一起平静地思考这些工作的常态吧！也许我们会更清楚地知道，我们为何如此！是谁制约着我们的改变？是谁让我们的生活有这么多重担？

首先说说备课。

行政管理部门在检查教师的备课时，常常用查教案来取代，因为教案是有形的、可见的、可控的。于是，在教师的眼里，备课是两个概念。一个是应付上级检查而抄写的教案。但教案写得再具体，课堂上又有多少教师会照着教案，看一句讲一句呢？看着教案教学的课堂，那也一定全无灵性。于是，教师又有了另一个备课的概念，那就是课前在课本上写下的教学批注。课堂上指点江山的智慧装在教师心里，在批注的提示下，教学也就信手拈来，顺势而为。在这样的常态下，教师的备课就变成了两次工作，累就累在抄写那没什么实际意义的教案上。为了应付检查，教师有空就抄。只要有这东西，至于实效如何、作用何在，都不会影响行政管理部门的评判。然而，抄写的教案如同工业加工的零件，没有生气，没有灵性，久而久之，又怎不生厌呢？

教师的职业幸福是什么？成都师范大学的陈大根讲得很好，教师的教学幸福在于有课堂的自由与创造，在于教师能够产生更多的灵感，进而获得灵感冲动得以实现后带来的享受。然而，问问今天的教师，有多少人有过这样的创造、灵感与享受呢？一方面，考试与评价的滞后给一部分欠缺主动意识的教师创造了温床。长期以来，照本宣科、机械训练就可以应对纸笔考试,没有合理的评价推动他们对教进行主动思考与学习。教师个人的心灵渐渐被厌倦和疲惫填满,心灵的那块“自留地”已荒草丛生,没有生机,没有新绿,又从什么地方寻找力量,让语文走向文学,让音乐走向艺术,让数学走向科学呢?教师自身的局限导致创造与自由成为空谈,备课走向低效与抄袭。

另一方面,一部分教师力图在教学前备出自己的思考,让个人见解在一定程度上成为课程资源。但是,面对备课的第一环节:目标确定,目标从何而来?课堂目标的背后有一双隐形的手在牵制着我们,朝着那个既定的方向走去。那是什么?那是统一考试的参考题目。教师课前要看的,是教材、教参,还要看的,是单元卷、达标试卷。考试方向明确,教学更有针对性,目标直指结果,结果决定着教师的教学,教学决定着教师的备课。在单调的应试思维下的备课,教师会有多少自由与创造呢?在一种迎合型的教学生态下,又何苦去思考文化与艺术呢?有时大胆改革了,但是传统考试的分数能说明这些吗?搞不好还会出现双基偏废的风险。与其如此,还不如沿着固有的传统走吧。本是脑力活,智力活,却被扭曲为枯燥的机械活、体力活。支持教师干下去的信念,就是讲良心、讲奉献,不可因为自身的厌倦而懈怠,因懈怠而丢弃千家万户的孩子。面对当前世风日下的社会现实,这种信念又能支持多少人在这样的工作心态中干下去呢?

接下来说说批改作业。

仔细研究教师布置给学生的作业,归纳起来,大概分五类:一类是指导预习的作业;一类是促进理解的作业;一类是提高熟练性的作业;一类是促进记忆发展的作业;一类是形成知识体系的作业。

但看看教师的现状,就会知道劳累因何而起。在中国考试文化养成的应试思维的浸染下,人们总以为日常统考的分数就是智力指标。家长、教师以此判断孩子智力的高下,发展的优劣,各类商业性作业纷沓而至,各类教学人员也拥入教辅资料的编写行列。然而,这些作业指向的是什么?解决学生的应试问题,促进记忆,提升熟练度。学生在大量作业后,将教师传授的知识结变成一个熟能生巧的过程，作业的功能更多地显现为将教师的知识转化为学生的技术的工具。学习沦为一种机械的工业生产，应试的作业活生生地剥夺了学生从知识到教养的情感体验。学习滋养出的是更多的焦虑与厌倦，如山的作业导致学生拼命做，教师拼命改。

我们拼命处理的，大多是作用于记忆与熟练的作业，对预习性作业、帮助理解的作业、形成知识体系的作业很少跟进。为什么会这样？因为纸笔测验往往不会指向这样的作业，于是教师忽视了这些作业的作用与意义。然而，指向考试的机械的作业训练，背后留下的又是什么？

在小学，学生的成绩分化往往出现在三年级下期或是四年级上期，分化的根本就是他们的思维方式。当学生遇到题目后，大脑里想到的是与之相关的题目时，这种思维是题目索引；当学生遇到题目后，大脑里想到的是与之相关的知识点时，这是知识点索引。如果学生的思维停留在题目索引，那就是一种浅层的低级的机械性的思维。一、二年级，为了让学生迎合考试，教师过度地进行熟练性训练，将学生的思维训练成为题目索引后，进入三年级下期，就很容易出现学习障碍，这是大量机械的作业训练导致这样的结果。另一部分成绩优秀的学生，需要形成知识体系并进行陈述性训练，需要综合能力的培养，但教师也无暇顾忌，因为这些学生在考试中基本没有问题。于是，教师在作业中很难找到工作的乐趣与创造了，有的只是无休止的批改，订正，再批改，再订正。

再来说说辅导学生。

一线教师工作的烦躁很多时候是因学困生而起的，于是常常会有教师感叹，如果一个班的学生都像某某优生，教起来就好过了。然而，自然界本就有“花儿别样红”的规律，我们又怎么能够奢望人与人的等同呢？是教师，就注定带着学生应试，就注定无法摆脱学困生的困扰。年复一年，又有多少教师能够真正改变学困生已经形成的心理品质呢？

材料决定用途。分明是苹果树的幼苗，却非要收获西瓜，这不是作茧自缚吗？我们能做的，顶多就是让他考出来的分数好看一些。一旦离开了我们的督导，他们仍无法找到自信与兴趣完成学习，因为焦虑与厌倦的学习体验已经形成。是谁让学生在学习的初期养成了这样的学习体验呢？又是谁逼着我们要在苹果树上结下桃子呢？滞后的考试要的是一样的结果，一样的产品，这不就是一切现象的根本吗？

如果认识到它就是一株苹果的苗子，让它成长为一株参天的果树，就需要顺应其自身的生长周期去滋养它，培育它，终有一天它会结出自己的果实。滋养苹果树的任务是给它足够的阳光、空气与水分。然而，中国的教育又接受得了这样的差异吗？尽管众多教育专家都说教育是人学，要知人知己，要让千家万户的孩子进入学校后都得到针对性的教育，可是在统一考试的制度下，谁还在看学生本身的阶段性与差异性呢。

小学一年级数学课中，教学生认识人民币的元、角、分，学生由于个体差异，产生的生命直觉不同，对这一节内容的接受也不同。但在统一考试的指挥下，全体学生齐步走，必然产生掉队的问题。教师为了帮助他们，进行个别辅导，但是生命直觉是理解的基础，生长周期没有形成这样的生命直觉，学生还是过不了理解关。出于统一考试的需要，教师只好硬拉着学生去熟练关，让学生用题目索引的简单思维来填补生命成长周期所需要的等待。就好比让一帮一岁的小孩参加走路的学习而后进行统一考试一样，教师用什么去滋养他们呢？在统一考试的压力下，面对那些一岁还走不了路的孩子，我们知道学会行走是人的本能。我们等一等，走路自然也能学会。然而，要让他们来面对统一考试，教人行走的工作会不会变得扭曲呢？这样的教育会生产出多少的"次品"呢？

学生的学习体验是影响学生终身学习的非智力因素。一般情况下，学生会有四种体验：为学习中的快乐而学习，这是学习的快乐感；为获得称赞而学习，这是学习的成功感；为了不挨骂而学习，是学习的焦虑感；觉得逃避学习是快乐的，这是学习的厌倦感。在违背自然规律的教育下，一些生长周期相对迟缓的学生要与生长周期快的学生共同面对统一考试，必然面对失败，面对苦闷与无奈。失败之后，再让他天天面对教师与家长的责难，这将是一种怎样的体验呢？学习体验一旦形成，便很难改变。是谁给了学生这样的学习体验？是教师，还是这样的考试制度？

全国语文名师薛法根在帮助学困生时，就从学习体验的改变着手。他允许学生由开卷慢慢走向闭卷，允许他们在听写困难时看一看书，让统一的步调多了一些对个性的关注。另一位数学教育专家在转变学困生时，就从思维方式的改变开始，让学生起来说解题思路时，首先找到对应的知识点，并由一个知识点牵引到相关的知识点，这样的补差就是从基础开始，而没有去做题目索引的投机取巧。在考试时，分两类试卷进行，允许学生根据自己的层次选择试卷。这些帮助学困生的案例，都需要以教师从考试制度中解放出来为前提。

制约教师解放的这三件工作，从主观上讲，有教师自身的研究意识匮乏、教学水平不够等原因，但从客观上讲，不同程度上聚集到了考试。

我们面对的试卷从何而来？教研员读很多的教辅资料后，用复制与粘贴加工而来。试卷是教师、学生负担加重的"罪魁祸首"，每一份试卷出炉时，试卷的制作者沉下心来了解过学生吗？了解过教师吗？有多少试题是出自制卷者本人的原创呢？每一道题目可以写出清楚的难度系数吗？能够向教师讲明，这样出题的意图与作用吗？试卷的使用，又有谁跟进过吗？如果这些问题没有很好地解决，考试只能产生更多的机械产品，而不能真正培养人。我们可以看看历年来的小学语文试卷，如果去掉按课文填空等与本册基础知识有直接关系的题目，一份六年级的试卷交给五年级的学生做，同样可以完成。这样的结果，是不是说明六年级的语文学习对学生而言是一种浪费呢？是教育浪费，还是试卷本身存在较大的局限呢？如果是教育的浪费，那又是谁允许这种浪费的存在，而多年不见纠正？如果是试卷的问题，那么这样的试卷是不是一件"皇帝的新装"？

张丰有一次讲到考试问题时，笑谈一二年级的考试考出的不是学生的能力水平，而是父母生出的孩子懂事程度的早晚。他质疑这样的考试，将识字、阅读与写话放在一张试卷上，给一个简单的分数，能说明什么呢？如果对学生的识字、阅读、写话分别进行评述，学生还能知道自己的问题出在什么地方。对考试的结果给一个简单的分数也是极不科学的，一个分数说明什么？识字 300 个，与识字 290 个，如果用分数表示，一个 100 分，一个 98 分，这 2 分的差距又有什么意义？一张试卷可以在一定程度上反映学生对知识点的掌握，学生的分析思维能力，但是学生成长过程中极为重要的学习习惯、方法和情感体验，是试卷无法表达的。

如果分数真能说明一切，那么为什么现行教育制度中，让众多学生最感无赖的就是高考，是教育的这个终极指挥棒呢？现行的高考评价与学生未来的发展成正比吗？一个高考获 600 分的学生与一个高考获 500 分的学生，进入社会后是否有绝对的差距呢？温家宝总理在北京皇城根小学听课时说过："素质教育绝不是不要考核，而是要求考核具有综合性、全面性和经常性。"我们的高考、我们对学生的成长评价应该考什么、怎么考，考试结果怎么呈现、怎么运用，这些都是需要研究的问题。

随着对教育的认识不断深入，我们也更加感到，考试制度的滞后是制约教育发展的瓶颈，它束缚的不仅是教师，还有教育管理者。它是挂在每一个教育工作者头上的利剑，更是挂在当代中国学生头上的一把利剑。曾经在一份资料上看到，国外企业在录用学生时，要参考学生的五个材料：一是学校学习的积累性表现，二是看学生的个人特长，三是看学生的综合性能力，四是看学生参加社会实践活动的情况，五是看学生的研究性学习材料。如果用这五个指标来检验我们的学生，我们又应该如何进行教育呢？

"三鹿事件"中，企业因为片面追求效率，减少流程，将蛋白质的检测改为奶蛋白含量的检测，留下血淋淋的教训。教育的多、快、好、省与"三鹿事件"的性质有多少区别吗？只要一个表面的结果，却全然不管这个结果从何而来，也不追究结果能说明什么问题，于是太多工作的本质被结果掩盖了。为了寻求一个简单的考试结果，教育变成机械的劳作；为了赛课的光鲜结果，找一些年轻教师经过打磨，推上前台；为了让公开课上出现更多学生即兴生成的精彩，为了让学校在竞争中获取那一张张奖状，教育人在这中间有过多少违背规律的劳作呢？

也许今天教育的这种急功近利，暂时不会出现“三鹿事件”那样有形的、可见的悲剧，但这种有违自然与科学规律的行为一定会留下深刻教训。教育需要太多的沉静、思考，需要我们慢下来，用细腻与耐心去面对。也许“如歌岁月，诗意人生”的教育生活，只是教育的伊甸园，通往这个自由王国的路程还非常漫长，但我们仍要执着地守望，因为我们有着教育的激情。

岁月如歌　诗意人生(二)

《论语》中说:“学而时习之,不亦乐乎!”教育引领着学生进入学习活动,本是一件非常快乐的事情,但是,现在的教育带给我们的,却是彷徨,是苦闷,没有快乐感。今天的教育在很大程度上,是一种为了分数、为了应试的教育,不是为了塑造一个完整的人。教育的整体性在现实的教育活动中被割裂了。大量的时间用在训练上、最高的分数上,孩子们的学业生活如同苦行僧,肩负着沉重的负担,而家长也不得不充当着应试教育可怜的执行者。试想,学校生活二十多年,占据了人生相当长的时间,而这么长的时间都让每一个求学者背负着压力,在刻板而繁琐的分数争夺战中生活,这是我们今天所追求的和谐吗?前几日,我设身处地地站在一线教师的立场,谈论了现行教育中,滞后的考试制度、评价体制给教师常态教育工作带来的一系列后果,引发了同行的共鸣:制约教师解放的“瓶颈”不是备课、改作业、辅导学生,而是与自然生态相悖的滞后的评价与考试制度。

三年前,国家基础教育课程研究中心展示过教育发展生态图:把中国的学生放在国际背景中,发现我们的学生在知识、技能、勤奋好学等方面优势明显。我们并非一无所有,这样的优势与中国几千年的文化环境以及我们现行的教育体制密切相关。文化与制度配合,形成了这样的优势,使它在世界上独树一帜。但是我们无法回避的是,我们的基础教育、高等教育下的学生,形成的社会整体,在实践能力、创造性、好奇心、自尊、自信,包括若干人文素养甚至做人的基本问题上,有结构性的缺损。要解决这些问题,我们需要在国际教育的背景下，树立科学的人才观，在东西文化交融的环境中，清楚地认识到形成这样的差异的原因。西方文化倡导人的个性解放，关注人的天性，反映在教育上，主张由内向外倒出来，形成开放自由的发散思维。东方教育受儒家思想影响，讲秩序，强调规范而忽视儿童天性，反映在教育上，主张由外向内灌进去，形成封闭单向的线性思维。因此，教育要培养各方面和谐发展的人，需要寻求平衡。寻求平衡不是简单地调和，它需要我们每一位教育工作者付出勇气，开启智慧。

再次阅读国家基础教育课程研究中心的报道，尽管目睹同行在考试文化怪圈中苦苦挣扎，但我们仍然有理由相信，进步是历史的真理，是社会的必然。在主张考试改革的呐喊中，社会主流文化必然让教育不断地进行自我审视。一大批有使命感、责任感的教育专家一定会在东西文化交融中找到更为科学、合理的办法，在时间的磨砺中让考核由量变走向质变，进而成为符合人的发展与需求的先进文化。

秉持这样的信念，我们是坐视、等待改革的到来，还是“山雨欲来风满楼”呢？每个人的生活经验、文化积累、心理品质不同，选择也会不一样。从主观上讲，我是一个自我觉醒意识较强的人，喜欢挑战，更不希望让别人来安排我的生活、我的命运，于是我想，在自己想要追求理想教育人生的心态下，一定要穿越滞后的考试丛林，找到一条获得进步的道路。如果真正走上了这样的道路，眼前定会更加明朗。因为在这条路上，首先改变的是每一个成人的生存状态。这种充满宽容与信赖的环境，所有的教师都是朋友，同心同德，教学中每一个问题都是需要我们共同去面对与解决的困难。我似乎可以看到，团队意识在每个人的心灵滋生，它会逐渐改变几千年儒家思想影响下形成的心理品质与思维方式。人与人之间，少一分苛刻，少一分挑剔，少一分压制，少一分斗争，少一分伤害，多了一分友善、一分尊重、一分理解、一分信任。当作为人的本能的真、善、美被激活以后，人会得到最真实的关怀与尊重。教师不再为分数而教学，为分数而工作，被还原成一个个丰富的、有灵性的、有生命的完整的个体，“最隐蔽的自我”被唤醒，人的潜能也会因此而得到最大程度的开发。素质在开发中获得提升，那时，分数仅仅是一个附属的东西。那应该是一种多么美丽的心灵磁场，也是我们需要不断追寻的美好校园人生。

于是，当教育有智慧、有力量穿越考试的密林，管理就需要走向生命的激扬，“相信教师、尊重教师、依赖教师”；教学更需要走向生命的激扬，“相信学生、尊重学生、依赖学生”，以生命为依托的生本教育，就是我们想要去的地方，只有到了那里，“如歌岁月，诗意人生”才不再是一纸空文。

说择校

半年多了，我的一位朋友一直为孩子小升初的问题纠结。最近在一份教育资料上读到这样一段文字：

耶鲁教育中心主任甘贝尔指出，影响美国亚裔资质优异学生学业成就的因素中，最大者为学生自身，占 67%；其次为父母，占 30%；第三是教师，占 3%。而自身因素中，努力占 78%，能力占 22%。以上因素中，能力仍受父母遗传的影响，努力受父母期望及教养方式影响，这一点已为调查、实验及比较研究所证实。

这段文字强调家庭教育在孩子成长中的地位，而且显示出教师对学生学业成就的影响关系并不太大，仅有 3%。如果单单看这样的数据，又何苦为孩子择校大费周折呢？想想自己走过的近四十年人生历程，童年在四川西部偏远落后的阿坝生活，初中没多少老师让自己难忘，中师三年良师有所遇，但他们都不足以影响自己的一生。倒是在社会中，自己的人生观、价值观才在一些遭遇与思考中逐渐明确。正所谓三十而立，四十而不惑，求学只是人生的一个阶段。所幸的是，自己的求学阶段没有泯灭热爱生活、努力创造的人生态度。

如今眼见朋友的孩子处于求学阶段，身为人母的我也只能根据自己的人生经验对朋友说，每个人都有创造未来的权利。孩子的未来有太多的偶然性与不确定性，也有一定的可能性与有限性，求学的意义也许在于让她在无法预知的未来中，放大她的可能性而减少她的有限性。尽管我认同个人发展中教师不会是重要的决定因素，但决定未来发展最重要的个人因素中，努力所占的78%却是一个极大的比重。个人努力是一种行为方式，更是一种人生态度，谁能影响孩子这种人生态度的形成？除了家长的期望与教养方式，还有就是环境。营造一个有着良好学风的人文环境，对孩子的人生态度有着至关重要的影响。从这个意义上讲，一切择校的追求就在于找到一个能让孩子最大限度地释放个人努力的环境。让孩子在完成学业的过程中收获积极进取的人生态度和行为方式，才是人生需要的起点！

现实社会的复杂与多元常常会让人无所适从以至于迷失方向，很多时候，自己要学会带着思想，独立地、批判地寻找方向。在应试教育的背景下，众多家长的幸福感系于孩子学业成就。我的内心也对即将升入初中的孩子担忧，但我一定会时时记住，不可盲目跟风成为应试教育的帮凶。孩子的学业成就可以评价一所学校的教学质量，但它绝不是孩子的未来，孩子的未来系在人生态度上，择校的归宿在于此，教育的归宿更在于此！别让沉重的学业压力压垮孩子对生活的向往与热爱，相信未来！

我们需要怎样的课堂

很长一段时间，我都在品读着当今中国教育界的一名大家——窦桂梅。我被她课堂上迸发出的生命激情深深感染，被她在讲台上随心所欲的畅谈所吸引。“腹有诗书气自华”，可以说，即便是素面朝天，她的美丽与生动也无可挑剔，课堂因而显得更加厚重、深沉、精彩，如同涓涓细流，淌进孩子心田，让每一个置身于课堂的人都有一种喷薄而出的灵感，在我看来，可以用两个字来概括——“神韵”。

课堂的感动，精神的同归，让我不由得回顾走过的十几年教学之旅，深切感受到，教师能走多远，就能带着学生走多远。教育的苍白、繁琐、低效，在很大程度上要从教师身上寻找原因，是因为自己缺少蜕变。

一首《游园不值》，很简单，在教学中我们做到的就是让孩子读懂、悟情，从诗意体会到作者的惜春之情，教学也就实现了学生、教师、文本的共振，而很少会去追问自己是否能再往前面走走，那是因为我们的视野本就如此。但窦桂梅的课堂给孩子的，不是春天的园，而是精神的园。从一次春天的游园不遇中，让学生感悟了人生的遇与不遇、得与不得，学生的收获又岂在一种浅层的惜春之情！那是一种富有哲学内涵的生活姿态呀！也许今天，学生并不一定能深刻理解，但想想当他们步入社会，在生活阅历有了一定积累后，他们会如何回顾这节小学语文课呢？课堂涉猎的古典文学，那无疑是对孩子最好的文学启蒙！面对这样的课堂，我感叹窦老师无愧于孩子。而当下，教师没有实现自身的蜕变时，又有多少人在“认认真真误人子弟”呢？

学习，学习，再学习，让自己变得丰富一些，深刻一些吧！语文教学抓住主题，以此为切入口，拓宽广度，挖掘深度，向着这样的方向，我们需要的是底蕴。让我们踩着大腕的足迹，艰难地前行，一步又一步。

希冀

前些时日，去过一些学校领略校园人文环境，感触颇丰。毕竟未曾深入其中，不知其甘苦，不敢妄加评论。但触景生忆，脑中想起的，是五年前曾去巴蜀小学参加的三次示范小学校长联谊会。不管当下巴渝教育界对已“北漂”的前巴蜀小学校长如何评判，但就事论事而言，他站在一个小学校长的平台上，以独到的视角连续三次发起了校长联谊会，将整个重庆小学教育前沿的有识者云集巴蜀小学开展学术研讨，这种“助人者擅自助”的胸襟与胆识，可谓是大手笔，是大家风范，其产生的影响与意义，至今令我叹服！

三次盛会，我认识了来自首都北京的两位专家：一位是国家课程研究中心的卢咏莉博士，睿智而深刻，现场争鸣，妙语连珠；一位是北京实验二小的李烈校长，“腹有诗书气自华”，她很美，敏锐的课感，精当的点评，让她从骨子里透出专业包裹着的高贵的美！

三次盛会，一线教师走上了前台。无论是同一课堂、同一教师在不同教育理念下的两次建构，还是同一课堂北京、重庆两地教师的不同建构，还是针对科学艺术与实践类学科的探索，每次研讨都以真实而开放的心态直面真实的课堂，这样的氛围引发了与会者独立而诚实的判断与反思，于是争鸣更加有灵魂、有思想，真正撞击着每一个人的内心。争鸣有无结论其实已不重要，这一过程却令人难以忘却。

在今天，当我置身于某些环境时，封存于大脑中的这段回忆又涌现出来，让我仍怀揣着对教育的信仰与尊崇，感激这三次盛会带给我的成长与顿悟。笔至于此，曾任清华大学校长17年之久的梅贻琦先生的一句话跃然于心："大学者，非谓有大楼之谓也，有大师之谓也。"

的确，兼容并蓄、自由开放的精神可以成就风云际会、星汉璀璨的宏大气象！这不正是每一个愿意投身于教育研讨与发展中的教育人所希冀的吗？

学习，为了更幸福

“坐在井里看天，说天很小，比喻目光短浅……”众多教师在教学《坐井观天》这篇寓言时，都把学生带向了这个既有的结论，日复一日，年复一年。因为明确，所以很难摆脱肤浅。教师自身眼界受局限的同时，也不自觉地局限了学生的视野。

大师的高明之处就在于能够把常人容易忽略的细节引向纵深，从而使肤浅变得深邃。陈大根不愧于大师称号，几个追问，让我们对坐井观天的哲学底蕴茅塞顿开。叹服之余，感觉平庸是因为惰于思，误人子弟的不安也悄然过心。

“坐在井里的就仅仅一只青蛙吗？”

这个问题虽简单，却提醒我们，寓言警示的是人类自我，青蛙指的是我们自己。

“如果青蛙是我们自己，那么这口限制我们的井又指什么？”

“小鸟是指什么？”

“我们到哪里去寻找这样的一只小鸟？”

“难道小鸟就仅仅是一只小鸟吗？”

在陈大根的一连串追问下，我的思考也随之而来。大千世界里，我又坐在一口什么样的井里呢？这是很难想得明白、说得清楚的。我以为这口限制着自己的井可以是无形的，也可以是有形的。假定这口“有形的井”更多的是指我们工作的单位、生活的环境，与众多同在这口井内的青蛙一样，看着同一块有形的天空，我们想有的超越，就是跳出这口有形的井，改变环境，换个工作，争取看到另一处的天空。欲念是本能，于是在有形的井内，我们苦苦挣扎，面临着三种处境：要么因为种种客观原因，我们没能够跳出，内心生出无奈与烦闷，变得消极；要么在跳与不跳之间，我们面对得失参半的有形天空难以定夺；要么身边的一只只青蛙跳出后，他们充当着小鸟，在井边告诉我们"跳吧，跳吧，外面的世界多一份闲暇，多一份精彩"。在赶场心理的驱使下，即便没有什么明确的目标，我们也背上了空背篼去走一圈，于是糊里糊涂中也跟着跳了。跳出后，却不明白这份精彩、闲暇对自己又意味着什么？久而久之，生活也就变得索然无味。

有形终究与有限相伴。无论怎么跳，在不同的井里，虽然可以看见不一样的天空，但它始终是有限的，也不过如此。因为有形的井是客观的，而我们无法真正做到"自我主宰"，于是在这样的客观条件下，如果我们不能真正走出思想的峡谷，无论怎么挣扎，始终都会患得患失。

到哪里去寻找我们想要的幸福呢？我们需要在圣人的照耀下去找寻，老子"有无相生"的思想是何等高明？凡人眼中见"有"，圣人眼中见"无"，当我们明白将目光投向因为无形而被忘却的井时，却惊异地发现，只有在这样的井中一次次地跳出，个人内心的力量才会真正被激活。如同一株植物，一种难以抑制的生命力在迸发，在蓬勃生长，于是，无论身处怎样一口"有形的井"，心中那无形的井是自由的，是开阔的。在经历了"读万卷书、行万里路、阅人无数、名师指路"后，我们一次次遭遇着不同的小鸟，于是，无形的井一次次被跨越，如同插上了"隐形的翅膀"，庄子"乘物以游心"的洒脱与自在相伴于心，眼前的天空变得无比寥廓与深邃。那无穷的光辉与灿烂，引领着我们，吸引着我们，那才是需要苦苦追寻的最美的天空，幸福的天空……

此刻，在我的心中，学习不再是年少时的概念，不再是与求生相伴的功利行为，人至中年的学习，收获的是更多的大气与从容，为的是人生的幸福与坚定……

杂言校园文化

走进巴蜀书院，这里有浓郁的中式风格建筑，它巧妙地与富有儿童思维特点的图像结合，传统的古朴典雅，现代的生动活泼，相得益彰，让人耳目一新。它向世人展示的是校园文化建设的一大突破，也的的确确让人感到了“特色”二字。

这样富有个性与品位的校园建筑，必定开创重庆校园建筑之先河。当我们在感叹经济支撑的差距时，我们仍然需要一次次追问：谁启迪了他们这样的智慧？

是文化。因为有着不同的文化认同，也就产生不同的教育灵感。

学校是伴随着社会的进步才得以发展的。在我看来，学校办学在经历了以校长为基石的人格治校、以制度为核心的依法治校后，今天的学校办学行为也被赋予了特殊的时代内涵。当前社会提出了文化治校的新课题，它的提出，标志着教育思想的一大飞跃，校园文明进入了一个新的领域。目前，它似乎成为学校发展的最高境界。当一所学校依存于文化时，学校的“精、气、神”才会形成特有的魅力，才会使每一个员工感到一种富有生命力、奔腾激越的力量。文化是一把无声的利剑，以最深刻、最微妙的方式进入师生的心灵深处并产生深远的影响。也只有它，才能在一定程度上更好地唤醒、激发师生的崇高情感。

随风潜入夜，润物细无声。光明小学的刘永胜讲得很现实，文化是引领学校前进的先进理念，它随时随处渗透在学校工作的各个环节。他把校园文化分为了硬文化与软文化，硬文化是儿童思维与现代思维的整合，软文化是学校文化的核心，它包括管理文化、团队文化、师资文化，而这中间，最核心的元素就是人，更准确地说应该是人的大脑。

承担着基础教育重任的每一个人，如果想到十年、二十年之后民族发展的需要，那么从今天的文化治校出发，又应该如何理解教育的责任呢？“扶植思想、传承文明”于我而言，要思考的还有很多很多。

走向开放的教学

范老师和我一同讨论《遇难者的第三个电话》一课的教学，课文将述了美国“9·11”事件时，拥有巨额财产的爱德华在生死攸关的时候，给自己的母亲打电话，向母亲表达了深情的爱。看完课文后，主人公的行为让我的内心产生了震撼。文本特殊的结构让它有了深刻的感染力，于是，我感觉让孩子走进文本达成“感动”的目标是很容易的。范老师想到了从“设置悬念”的写作手法给文本带来的特殊感染效果入手，引导学生品读，思想颇为独到。交流中，我猛然想起全国语文名师薛法根老师提出的语文教学的两条途径：一是以文本内容的学习带动言语能力的培养，即讲课文，这是生活中的语文，语文教师本身的语言有魅力，情感很丰富；二是以文本内容带动语文知识的学习，进而通过训练提高学生的语言能力，这是专业的学语文。

教无定法，贵在得法。在讨论中，我们感觉，无论是讲课文还是学语文，一篇简单的课文带出的往往是更丰富的视野。就文本内容而言，它可以有多个视点，可以是孝，可以是情，可以是义，甚至可以与“5·12”地震中那些感天动地的事件链接，无论选择哪一个视点走下去，都可以带出多篇文本的阅读；从文本的语文知识入手，可以抓“设置悬念”，理解什么是悬念、设置悬念的方法有哪些，研究它可以产生什么样的表达效果，对小学生可以引导到哪个程度上；也可以抓文中的“心理描写”；还可以抓标点符号的特殊作用。无论选择哪个点，都可以带出丰富的语文知识体系，并链接到更多的文本。

基于这样的认识审视我们的教学，一篇课文上一周、两周甚至更多的时间,也不会显得浪费,因为它成就了学生的丰富。也难怪,很多语文教学专家提出,一学期上好三四篇课文,学生的收获也足矣。然而,这个讲好的背后却有太多太多的内容,等待我们去认识、去思考,它需要以教师的丰富知识为基础。

教师如何实现自己的丰富,约翰·斯图尔特·密尔的《自由论》中有这样一个观点:一个人对某一问题有所知的唯一方法,是听不同的人对这个问题提出的不同意见,了解具有不同思维特点的人是如何使用不同的方法来探究这个问题的。有智慧的人都是通过这个途径来获得智慧的。在学校里,每一个教师个人的认识毕竟有限,如果真要实现这样的教学,上出这样的"大课",的确需要一个可以互相帮助的团队,让团队所有人的注意力聚集到一处,形成一群人共同做一件事的合力,成就这样的教学才会成为可能。这种团队的形成,必须以教师个体的开放为基础。

然而,一方面,在中国自给自足传统思想熏陶下成长起的一代教师,信奉的是"耕好自己的一亩三分田",即便意识到要在借鉴别人的过程中认识自己,要在认同别人的过程中发展自己,甚至可以悄悄借助他人的经验成就自己,可以走出学校寻求名师指引,然而在校内,在存在相互竞争的场合里,又有多少人可以真正拿出自己的经验去成就别人呢?另一方面,从人的本能看,每个人都更多地倾向于保护自己不受伤害,倾向于掩盖自己的缺点,倾向于展示自己美好的一面。在对外界没有太多安全感与信任感、群体心理品质没有很好地实现解放的前提下,有多少教师可以真正跨过教学开放的门槛呢?惯有的以个人为主体的行为方式,要从根本上改变,至少需要五六年,更需要从管理体制的改变入手。

但我相信,随着文化开放的不断发展,教师们必将走出这艰难的一步。因为我们知道,某些问题不是只有唯一的答案。对于同一个问题,不同的人会有不同的想法,我们也更加知道要学会尊重别人。我可以不同意你的观点,但我要维护你的话语权。民主对话的文化氛围会影响每一个人的内在品质,影响每一个人的行为方式,是推进有效教育的重要保证。如果社会风气如此，那么我们的教师走入课堂，必将学会如何去实现对学生的开放与民主，如何在开放、尊重的背景中探讨学习上的问题以及人生的问题。民主的学习环境、民主的学习氛围，意味着创造性，意味着个性，意味着自信。有自信才会有自尊，有个性才会有创造性。

做孩子母语的启蒙人

在生本教育理念中，有一个很重要的观点是教师要做孩子学习的牧师，把孩子带到繁茂的草场，让孩子自己去吸取与收获。窦桂梅也曾多次强调，语文教师是孩子的母语之师。用母语教孩子，也是教孩子学习母语。中国人的母语，本身就是一个博大精深的世界。在这些教育思想的指导下，我们必须认真审视什么是母语，何为母语之师。

学校的教师来自不同地方，在他们身上，或多或少都会存留着原有学校的教育方式。近日，我一直关注着教师对孩子晨读的引领与指导。我常常与老师们探讨，孩子需要什么样的晨读？孩子在晨读中，有什么样的收获？

很多优秀的语文教师在谈及语文教学方法时，常常提到一个字：读。我一直认同这个观点，但我认为，教师需要去分析的是，处在不同年龄段的孩子，各自需要怎样的“读”，才是母语启蒙最好的教学？在我看来，有着朗读热情的教师给予孩子朗读方面的帮助，是教师对学生最好的晨读指导。在朗读中，打开孩子的心扉，为孩子乐于表达奠定基础；在朗读中，让学生养成表情达意的习惯，他们需要在这个过程中发展情商；在朗读中，引导孩子在美妙的声音中感受语言的魅力，获得更加丰富的语言文字实践与体验；在朗读中，为孩子架起乐于阅读的桥梁。孩子的阅读兴趣始于朗读，只有孩子的阅读热情被激活时，才会有去牧场吸取营养的可能。在朗读中，孩子总会不知不觉地收获一个更加清亮的内心世界。这样的教育，胜过任何说教。

我在极力强调教师对孩子的晨读进行指导时，也不禁感叹，中国教育在发展中似乎丢弃了太多的优秀传统。今天，当我们想要办好一所学校时，是不是应在回归传统中去寻找一些发展教育的道路呢？

用法治促发展

我曾经读过这样一则报道:一位化学教师在实验课结束后,让学生将易燃易爆的化学药品带回实验室。好奇心极强的孩子却将它带回了家,在自行操作中引发爆炸,导致双目失明。悲愤的家长将学校和老师告上了法院。

还有一则这样的报道:某学校在对教师进行业务管理时,收取了教师的教案而迟迟没有返还,学校领导因而被教师送上了被告席。

……

在人们的法治意识不断提高的今天,学校因为领导权实施不当、教师因为工作失职而“引火烧身”的事例比比皆是。这些事例促使我们去思考:在新的形势下,学校与教师面临太多挑战,我们发展的道路究竟在哪里?

有人说:“有一个好校长,就有一所好学校。”我们一度认为,好校长就是一个具有宽容谦和的人格魅力,具有高瞻远瞩办学眼光的人。但面对现实生活中太多的案例,我们不得不说:真正的好校长还是一个通晓法律法规的人,是一个能用法律武器捍卫学校权利,保护教师权益,引领学校管理走向规范健全的法治轨道的人,是一个能正确处理原则与情义关系的人。正因为如此,在学校走入 21 世纪的今天,我们选择了“依法治校”这一办学策略,开始了对管理的新认识、新探索。在开创依法治校先进单位的征程中,我们有过辛酸,有过迷茫,有过失落,但存留心间的,更多的还是我们对此项工作的深切体会与感悟。

我们认为,依法治校首先应转变观念,形成正确的工作指导思想,提高全体教职工特别是学校领导干部的法律素质，从而实现由“人治”向“法治”的转变，由行政手段管理向运用法律手段管理的转变。

其次，学校还必须依法建章立制，使学校工作有法可依、有章可循。在依法治校的过程中，我们制定和修订了一系列必要的常规管理制度。在制定制度的过程中，让全体教职工通过教代会等途径，全员、全程地参与，让他们感觉到制度来自他们自己，制度是为维护广大教师权益而产生的，是需要大家共同遵守的。在制度的内容上，我们分析学校及教职工的具体情况，通过开座谈会、个别谈心等途径，广泛听取意见，采纳合理建议，对个别教师提出的不合理意见，进行耐心细致的疏导。在制度的运行上，明确“法治”是个动态的、灵活的过程，学校“订章立制”不是要把它作为管理教师、学生的一种武器，而是为教职工制定一个工作的标准，最终引领教师进入自我管理的最高境界。因此，在制度的运行中，我们努力做到“无情制度，有情操作”，尽量避免“武断专行”，尽量体现“内方外圆”。

此外，在依法治校中，还需要建立民主管理和监督制度。我们实现了校务公开，使广大教师通过正常的渠道参与学校的管理工作，同时建立教师代表大会、学生代表大会、家长代表大会及社会各界人士代表大会制度，广泛征求不同意见和建议，自觉接受来自校内、校外的监督，从而使广大师生真正成为学校的主人。

随着我国义务教育法、教师法等 10 多项教育法规的颁布，教育工作有了上自宪法下至规章制度的较为完备的法律体系。这些法规的颁布，为依法治校提供了可靠的法律保证，也使依法治校管理模式日趋成熟。我们相信，勤奋地耕耘，就能品尝到甘甜的果实；大胆的创新，就能创造一流的学校。让我们以此为己任，共同努力、共同拼搏、共同铸造教育战线明天的辉煌。

谈谈主导与主体

国家的进步，社会的发展，从根本上看，依赖于一个有创新精神与实践能力的民族。为适应时代的这一需求，教育实践的本质就应着眼于学生的发展，着眼于学生学习中创新意识的培养，实践能力的提高。作为以提高学生道德认识、激发学生道德情感、培养道德实践能力为核心任务的思想品德学科，在新的形势下也在努力摒弃传统教学的种种弊端，创建适应儿童发展与时代需要的新型教学模式——“主体教育”模式。该模式的内涵，是要求教师在课堂教学中，建立一种平等的师生关系，创造和谐、宽松、民主的环境，充分调动学生的积极性、独立性、创造性，把学生培养成自主、能动的社会主体。在这种教学观的引导下，学生成为课堂的主人，教师要顺应学生思维发展的过程完成教学任务。原有教学模式中教师按预定教学程序一板一眼地完成教学目标的格局被彻底打破，那么，课堂教学中教师“主导”地位又如何体现？该怎么合理调控，使“主导”作用最优化呢？这一问题，值得广大思想品德课教师深入探讨。

一、教师主导是实现学生主体的前提

主体教育的提出，使学生的地位发生了根本性变化。他们不再是教材、教师的“奴隶”，由被动的接受者成为问题提出者、探索者，情感体验者、表述者。学生主体作用的发挥，离不开三个重要因素：一是学习目标明确；二是学习情绪优化；三是学习方法可行。三个要素的实现，需要教师的主导。有人认为，学生成为学习的主人，教师尊重学生，依循学生的思维教学，那么课堂上只要学生全面活动，热热闹闹，满堂开花便行，教师不必多讲，学生能悟多少就悟多少。这一论点显然有失偏颇。从中西教育的对比来看，中国教育的一大优势便是基础知识抓得扎实。如果在实施课堂教学改革中，教师不能正确认识自身的主导作用，走入另一个误区，其结果不仅导致基础的缺失，更谈不上创新与实践能力的培养。诚然，在主体教育模式下，我们要让学生自主学习、独立思考、畅所欲言，但当学生学无所获、学无规律，言而无序、言而无理时，教师又怎能不帮助其明确方向，选择学法，理清思路呢？这一切与教师主导的时机、主导的方式息息相关。课堂上，实现学生对道德观念的不知到知晓，实现学生道德情感的平淡到波动再到高潮迭起，实现学生道德实践由不会到会再到创新提高，都依赖于教师合情合理、深入浅出的诱导。因此，思想品德课实施主体教学绝不可放松对教师主导的探索，它是学生主体的前提、保证。

二、提高对目标、环境的调控能力是有效实施教师主导的关键

（一）目标调控

目标在教学中起着指向、激励和检测的作用。在主体教育下，我们倡导学生主体，但教师必须有目标，这样才能保证学生在较短的时间内获取更多的知识。课堂上有具体、准确、可操作的训练目标，教学中教师才能扣住目标发挥主导作用，导在点子上，导在关键处，甚至导一点带全面，充分提高课堂教学的效率。

确定目标，要从目标的准确性、全面性和针对性三个方面进行考虑。目标的全面性就是要把握思想品德课的学科特点，从知、情、行三个方面确立目标，知是行、情的基础，情是知、行的中介，行是知、情的深化，三者缺一不可。实现目标的准确性，要依据大纲对小学思想品德课教学的总要求和年段目标，以此为基础，教师再按本册教材的编排体系，参考课后题目，确定课

堂教学的认知目标与行为目标。教师不仅要对每个单元甚至每篇课文的目标在整个思想品德教材系列中的地位心中有数，而且在制定目标时还不可简单重复，更不能超前，如低、中、高三个年段的思想品德教材都要对学生进行“尊敬老师”的教育，但教学目标却各有不同。低段要求学生尊敬老师，听从老师指导，对老师有礼貌；中段则让学生明白自己的成长离不开老师的辛勤劳动，要尊重老师的劳动；高段的要求更深入，要求学生能以个人成长和社会进步两方面，举例说明教师工作的意义，尊敬老师，能建立民主平等的师生关系。实现目标的针对性，要求教师把握年段特点，明确目标后，充分结合具体的教学材料和学生认识水平的实际情况设定，看看引导学生从材料的哪些内容来感悟观点，这些材料能感知出哪些观点；看看采用哪些材料指导行为，着力引导哪些行为实践能力，这便是课堂教学的具体目标。有了目标作统帅，无论学生自主学习中出了多少偏差，教师的“导”总有方向，总有点子，使教学做到有的放矢。

（二）环境控制

学生的情绪（即心理状态）对教学过程有着重要影响。课堂上建立良好的情绪场，学生会始终保持高昂的情绪参与学习。在这样的状态下进行道德认知内化、道德行为培养，会取得事半功倍的效果。

1.把准学生层次，认真设计疑问

巧妙而富有思考性的疑问，能够有效地启发学生由浅入深，由形象到抽象，由现象到本质去认知道德观点，但由于我们的教育对象的认知能力、心理品质、智力因素等都存在着这样那样的差异，那么，教师的质疑又能否面对不同层次、不同气质的学生，激起每个学生的求知欲望，从而认真思考呢？长期的实践证明，课堂上教师单一的问题往往照顾到的是少数甚至及个别优等生，而多数学生的思维被抑制。那么，在主体教育下，如果教师的主导方式仍不改，就很难实现真正的民主。因此，在实现主导作用的最优化时，教师必须把准学生的各种层次，设计多样化的提问。如在教学《心胸要开阔》时，教师布置学生自读课文，设计了一组疑问，先提出思考题目，让学生围绕老师提出的思考题学习，再告诉学生还可以围绕课本方框中的疑问学习，还可以直接思考课后的练习题，也可以自己设计疑问，自问自答。四种疑问，四个坡度，满足了不同层次学生的需求。这样的主导，才充分体现出了教学民主、以人为本的精神，既有助于学生的独立学习、道德认识的提高，又能使学生结合自身现有水平真正理解道德观点，进而通过内化转变为道德行为。

2.注意信息传递，灵活设计导语

在教学过程中，教师调控环境必须注意信息的反馈，随时发挥教学机智，灵活调控，及时处理反馈信息，加强多元化的交流，充分调动各个层次学生的积极性。这样学生才能自始至终作为学习的主人，自觉、主动地参与整个学习过程。

教师处理信息的关键点还在于导语设计。教师设计的导语要做到三点：一是精练、准确、及时，课堂时间仅 40 分钟，要让学生充分活动，教师的语言绝不可拖沓重复，当学生的讨论偏离目标时，教师要及时点评，拉回到本课的知、情、行目标中；二是激励鼓动，思品课有浓郁的感情色彩，教师的导语切忌平淡，课堂上如果教师身体力行，率先入情，再用抑扬顿挫、饱含真情的导语感染学生、激励学生，定能以情激情，唤起学生的真情；三是启发诱导，课堂上，教师要有民主意识，以平等的身份、平易近人的口吻与学生商讨，参与学习讨论，对学生思维能力的发展，创新意识的培养，错误行为的纠正，都大有裨益。因此，要发挥教师的主导作用，不断提高语言功底非常重要。如果教师处理课堂信息时，具有雄辩家的口才、演讲者的气魄、主持人的敏锐，相信这样的主导定能起到“一石激起千层浪”的作用，定能对学生道德观点的内化、实践能力的提高起到极重要的深化作用、点拨作用。如一位教师在教学《爱护课桌椅》时，在学生认识到要爱护公共财物后，让学生通过实际操作去掌握行为要求，要求学生动手去开门窗、搬桌椅。对这些操作，学生在课堂上的表现随机性很大，有的学生遇到窗户难关，拉一下就放弃了；有的学生搬桌椅的动作显得格外紧张；有的学生开门遇到门栓出了故障……对学生的突发问题，教师要采用应变技巧，巧妙地应用儿童化、情趣化的语言对学生进行诱导点拨。或用榜样进行激励；或赋予桌椅门窗人的性格特点，告诉学生桌、椅、门窗在对他说什么；或用富有真情的赞许，或用商讨的口吻，讨论、纠正学生不恰当的行为方式；或身体力行，亲自示范。总之，师生间气氛融洽，学生在教师生动的引导下，就会学得活跃，学得积极。

3.恰当运用多媒体，引导学生感悟

教学中恰当运用多媒体，创设鲜活的声光环境，对激发学生的情绪、提高学生道德认识能力有很好的作用。它能再现纷繁世界中的特定场景，让学生感受到生活中道德美的震撼力，掌握实现道德行为的方式方法。如教学《要有毅力》的时候，教师借助课件，一开始就为学生再现王羲之的书法作品、张乐平的漫画，为学生介绍两人一生的成就，让学生在特定氛围中，油然而生对两位伟人的钦佩之情，产生探究两人成功秘诀的渴望。在直观感知的基础上，让学生去读书中的材料。通过自学讨论，学生很容易认识到毅力是成功的保证。

在思品课的教学中，教师不仅要善于挖掘教材的内涵，同时还要让课内外相结合，发挥多媒体容量大、信息快的优势，恰当运用，就能起到事半功倍的效果。

让孩子想说、敢说

很长一段时间，我都参与到老师们的口语交际课堂中。作为新课程改革的一种新型课堂，我们要在实践中去理解、认识它存在的意义及其操作的方法。积累数十节课的学习，我对引导学生的表达也颇有兴趣。

一、选取多样化的交际题材，突出训练的开放性

口语交际是培养学生听、说能力的载体，因此，它的题材就不能仅仅局限于教科书。只要有助于训练学生表达、倾听能力的素材都可以为我所用，作为学生口语交际的题材，可以是看图说、表演说、情境说、辨论说等等。教师在组织选取口语交际题材时，就必须把握好三个原则：(1)情趣性原则：要贴近儿童的年龄特点选材，符合学生的兴趣爱好、情感体验，学生才会乐说愿听；(2)时代性原则：要贴近学生生活的现实空间选材，学生有真切的感受、丰富的经验，才会能说会听；(3)针对性原则：贴近执教对象年段的训练点，选取最有利于达成训练目标的素材，学生才会有所收获。

二、构建活动化的教学模式，突出学生的主体性

一些教师在口语交际教学中，总结出三度教学模式，即：浅层交际—中层交际—深层交际。这个模式注重训练的层次性，体现学生循序渐进、逐步发展的学习过程，但是它仅限于对学生交际活动这一环节的考虑，缺乏对整个教学过程的通盘谋划。因此，它仅适用于一些逐步加深训练难度的题材，

缺乏适用的广泛性，对仅在活动中变化训练点而不是变化训练难度的题材就难以适用。为突出口语交际教学的实践性、综合性，教师可以从活动化的角度去审视它，形成一个统揽全局的活动化的教学模式：

教师活动：创设情境引题—提出活动目标—引导学生设计活动进程—组织系列活动—引导反思回顾。

学生活动：确定谈话主题—明确活动目标—设计活动进程—参加实践—反思回顾。

这样的模式，由学生提出话题，设计谈话进程。学生可以按难度分层次活动，可以按训练点分版块活动，可以按情感发展主线活动，突出了学生的自主性、活动的灵活性，体现了教师是活动的组织者、参与者。该模式考虑了学生在活动中、活动后的反思回顾，回顾自己的收获，反思自己的表现，探索改进的意见，体现出口语交际教学的人文性和延续性。

三、瞄准多角度的训练目标，体现活动的互动性

口语交际是语文学科在新课程标准理念指导下，对原说话教学的进一步发展。它突破了说话教学仅注重单向信息传递的局限，更侧重于交际活动中师与生、生与生的听、说的双向互动。教师把握住这一特点，就应从培养学生的表达能力、倾听能力和应对能力等多个角度着眼去把握训练目标，充分体现口语交际的交互性。如：一位教师在组织口语交际活动“美丽春景”时，安排了三个层次的训练：让学生听记表现“春”的词语，听记表现“春”的句子，听记同学是怎样讲述“春”的美景。学生能迅速抓住对方言语中提供的信息，发表自己的看法，赞同、补充或提出不同意见，全班学生都可自由地参与交流。

四、注重“授人以渔”的教学思想，突出教师的指导性

新课程标准的实施，要求改变教师的权威性，使其成为学生学习的参与者、帮助者、合作者。教师要以人为本，给予学生更多的鼓励、肯定与尊重，

调动学生的主动性、积极性。一些教师在实践中却步入另一个误区，难以正确把握尊重学生与尊重真理的关系，在教学中显得被动、茫然，甚至被学生牵着鼻子走。如果在口语交际教学中教师处于这样的状态，就很难真正达成各项训练目标。因为口语交际强调实践性与工具性的结合。突出实践性，教师就要多捕捉闪光点，让学生有表达、倾听的主动性；突出工具性，教师则不可一味顺应学生、放任学生，应充分发挥自己的指导作用，因势利导，授人以渔，让学生在实践中学会方法，促进终身发展。

教师的指导作用可从以下四个方面去体现：(1)恰当范说，让学生在仿说中提高语言的规范性、准确性；(2)中肯点拨，捕捉学生的闪光点，提高学生参与的主动性；(3)优化情境，让学生在生动形象的氛围中激活思维的灵感；(4)适时诱导，帮助学生突破学习的难点。例如：在执教四年级口语交际《说老师》时，教师安排了这样一个环节：让学生对老师说一句心里话，学生纷纷举手说出了自己想说的话，但语调平淡，没有真情。为训练学生有感情地表达，教师从三个方面进行了指导：一是思考表达怎样的感情，是感激、是挚爱还是讴歌，把准情感基调；二是思考自己的表达方式，在遣词、句式、修辞上怎样更有利于直抒胸臆；三是练习自己的语感，避免拖拉等不良习惯。学生在教师的引导下做到了句句有真情、句句表衷心，真情实感得到淋漓尽致的表达。试想，如果教师在整个教学过程中只做收音机，不以一种积极主动的状态应对教学，学生即便有再多的训练，也难以促成能力的发展。因此，教师在口语交际教学中不可忘却自身的指导作用。

谈谈作文的批改

新课程改革背景下的语文教学,强调学生是学习的主体。语文教学要以学生的发展为根本目的,要尊重学生的独立个性、独特体验,让每一个鲜活的生命在学习的过程中,品尝成长的乐趣,得到情感的升华。《现代小学写话与习作教学》一书也明确指出,迄今为止,所有科学家都认为,人的认知结构的构建和情感、个性、价值观的养成都是独立自主的行为,是任何人、任何外力都无法代替的。学生作文能力的形成,靠的是他们自己主动的积极的学习活动,是在自主的实践应用和反思过程中掌握的,绝不是教师给的。

从教育的生本理念出发,教师的作文批改工作只有与学生的自主修改有机融合,成为学生作文修改的一部分,让学生在教师的引领下参与进来,对自己的作文有一个真情品读、真诚反思、真心修改的过程,他们才会体验到成长的快乐,体验到发展的喜悦。因此,变革作文批改方式不仅是新课程改革的需要,也是学生成长的需要,更是由教学发展的基本规律所决定的。在长期实践中,我们以先进的教育教学理论为指导,对作文批改方式进行了大胆变革。我们认为,学生完成作文后,在创作激情还未冷却时,及时让学生参与批改,按"自主修改、协作交流、师生对话"的基本模式操作,会让学生得到更多有益终生的收获。

一、自主修改

新的课程标准对原语文课程标准有这样一段修订:"阅读是学生的个性

化行为，应该引导学生钻研文本，在主动积极的思维和情感活动中，加深理解和体验，有所感悟和思考，受到情感熏陶，获得思想启迪，享受审美乐趣。要珍视学生独特的感受、体验和理解。不应以教师的分析来代替学生的阅读实践，也要防止用集体讨论代替个人阅读。"这是针对教学中出现的倾向性问题所做的重要修改。对话，首要的是学生和文本的对话，这是基础。没有这个基础，生与生、师与生的对话无从谈起。因此。我们认为学生作文修改的过程，实际上是学生、教师与文本之间对话的过程，只是这个文本的作者在我们身边。对话的重点，不光是体验文章的思想，还要体验作者在语言运用上的得失。这个对话，也只有以学生的自主思考为前提才能提高实效，所以，引导学生自主批改作文是整个批改中的第一步。在实践中，我们对学生提出了读读看看、读读改改、读读写写的批改策略：

(1)读读看看：学生完成作文后，站在读者的角度回头读读自己的作文，可以是浏览，也可以是默读，看看自己的文章能让读者明白什么道理，文章是以怎样的结构表达这个意思的。这一步让学生知道，无论是阅读还是作文，都要学会从整体着眼把握文本。

(2)读读改改：在整体粗读后，要求学生进行仔细品读，看看自己在行文中，哪些词句充分表现了中心，表达了自己的思想，能读出真情实感；看看自己哪些词句写得准确、优美，用佳句符号标出；再读出那些字词、句子不通畅、不准确甚至是有错误的，用修改符号改出来。

(3)读读写写：读改后的文本，写写自己在作文中的收获、体会、发现和困惑。

通过以上策略反复训练，学生不仅知道了应该从哪些角度评改作文，发展了作文能力，更重要的是将作文教学的人文性与工具性结合在一起。学生是用我笔写我心，又是用我心发展我笔，激励出学生用心改文、用情改文的激情，萌生出对文本更多的个性化体验，对作文活动有更多的个性化思考，这必将促进学生的终身发展。

二、协作交流

学生有了自主反思后，将学生分成两个大组，作文能力较强的学生为甲组,作文能力稍弱的学生为乙组。让甲组与乙组的学生相互找自己喜欢的伙伴自由组合,组成若干互助组,并按“读读议议”“改改评评”的策略进行协作交流。

(1)读读议议:互助组的两个学生交换阅读作文,读后交流从文中知道了什么道理,体验到了什么情感,让文本的读者与作者展开对话,促使学生在今后的作文中能更注重表达内心的真情实感。

(2)改改评评:细读作文,让学生先用欣赏的眼光去发现同学的作文中有哪些好词句,再对作文中不准确的字、词、句进行修改。在读、议、改的工作完成后,学生围绕本次作文要求,以及文章的思想情感、立意取材、布局谋篇、遣词造句写出评语。要求学生的点评一定要先评出同学作文中的闪光点、成功处,再提出改进建议。

这样的协作交流,让作文能力稍弱的学生能从交流中得到更多帮助。作文能力强的学生能在交流中发现同学的作文中的问题,帮助他改进,这本身也是一种提高。通过协作交流,学生会弥补自主修改中一些遗漏的地方,同时会认识到,其实学习就是一种合作交流、相互切磋的过程。在这样的交流中,教师始终让学生用一种欣赏的眼光去对待同学的成果,学生也乐于参加这样的协作,乐意为同学给予诚恳的帮助。在愉悦和谐的氛围中,学生得到的不仅是学习的方法,更学到了做人的道理,这将会直接影响学生今后的学习活动。

三、师生对话

学生与文本有了充分的对话后,作文批改进入第三步——“师生对话”。因为已经有了学生自己的细致评改,在对话中,教师就不应把精力放在对文本逐句逐段的批改上,而应注意几个结合:

(1)评价学生文本与评价学习活动结合:语文课程标准指出:“写作评价应重视对写作的过程与方法、情感与态度的评价,如是否还有写作的兴趣和良好的习惯,是否表达了真情实感。”因此,教师无论是采用等级评价还是语言评价,都要将评价文本与评价学习活动相结合,淡化对学生文本的修改,注重对写作态度的引导。如:在采用等级评价时,教师打破传统教学中用分值评价的办法,用一个等级表示教师对文本给出的评价,第二个等级是教师对学生参与自主修改和与同伴交流作文心得的学习活动所给出的评价。又如,教师在语言评价中,改变那些"文章条理清楚、语句通顺""文章突出了中心,写出了真情"等陈旧的语句,而是借学生文本,就学生表达的思想情感、学生的作文态度与学生进行心与心的对白,从而引领孩子,带给学生更多的启发。

(2)书面对话与当面对话结合:教师在每次作文批改中,除与学生进行书面对话外,还可以从一个班的学生作文中,选出五分之一进行当面批改,与学生面对面地交流,以更充分地了解学生的内心世界和对本次作文的真实感受。当面交流不仅能帮助学生更好地学习作文,也让教师能更好地立足学生进行作文教学。无论是书面对话还是当面对话,我们都强调,在对话中教师要努力建立和谐、民主、平等的师生关系,让学生在与教师的交流中体会到尊重、信任、友善、理解、激励、鼓舞、指导等积极的情感态度,从而形成积极的、丰富的人生体验,促进学生更健康地成长。

在这样的对话中,教师不再拘泥于学生作文的词句批改,而是有了更多的发自内心的交流与沟通。也许这样的批改会遗漏一些错字、一些病句,但语文学习本身不是线形的,而是循环往复的过程。一次作文批改中没有改到的错字、病句,并不代表一直都得不到纠正,更不能以此说明学生的作文能力没有发展。有什么比发展学生能力更好的呢?当学生的作文能力发展到一定程度时,他就能发现自己过去的作文中不曾改到的错误。所以,我们以学生发展为根本目标,在作文教学改革中一如既往地坚持探索,去寻找更多、更好的方法,坚定地走教育改革之路。

谈谈教育的和谐

教育是人类文化史上一个永恒的话题。它之所以充满吸引力，充满新鲜感，是因为它具有无限的张力，没有人能给教育下一个唯一的定义，没有人能说清教育究竟要干什么。韩愈说教育是传道、授业、解惑，杜威说教育就是生活，罗素说教育给人美好的人生，苏霍姆林斯基说真正的教育是自我教育。党的十六届四中全会提出了构建社会主义和谐社会的新理论，教育融入时代精神，也提出了实施和谐教育的新概念。所谓和谐教育，就是以科学理论为指导，以社会发展需求与人的自身发展要求相和谐为宗旨，协调并整体优化各种教育因素，创建和谐的育人氛围，使受教育者在德智体美劳诸方面得到全面的发展。归根结底，和谐教育就是人与社会的和谐，人与人的和谐，人与自然的和谐，人与知识的和谐。

但近年来，随着教育改革的不断深入，教师在转变自身教育行为的过程中，却越来越多地感受到教育改革与教育现实之间的不和谐。那么，教育改革的路子怎么走，怎样寻找教育的普遍规律，探寻和谐教育的有效措施，这些问题都摆在了我们面前，需要教师一步步探索、一步步实践。

一、树立新型教育观是实施和谐教育的前提

（一）明确教育本质

论语中说："学而时习之，不亦说乎？有朋自远方来，不亦乐乎。"教育引

领学生进入学习活动，本是一件非常快乐的事情，但是，现在的教育带给我们的，却有太多的彷徨与苦闷。我们的教育在很大程度上应该说是单向的，是一种为了分数、为了应试的教育，而不是为了培养一个完整的人。教育的整体性在现实的教育活动中被割裂了，大量的时间用在大量的训练、争取最高的分数上，鲜活的孩子在分数面前失去了本性。

为了让孩子顺利走过高考的独木桥，不少家长总是对孩子说："你现在苦一点，将来才会幸福，吃得苦中苦，方为人上人。"正是为着未来的幸福，孩子们在学业生活中如同"苦行僧"，而家长也不得不充当着应试教育的执行者。沉重的压力、无穷的疲惫让生活不再和谐，而这些为的就是将来的幸福。但我们不妨想想，二十多年的学校生活占据了人生相当长的时间，而这么长的时间就是为以后的幸福作准备，这值得吗？这又是我们今天所追求的和谐吗？实际上，教育的本质不是为了孩子将来的幸福，更多的是为了孩子在教育过程中的幸福。只有幸福，才可以说有和谐。

（二）确立主体观念

在传统的教育实验中，教育的逻辑起点往往是从学生开始。很多学校都提出，我们的教育一切为了学生，为了学生的一切，为了一切的学生，却很少有人关注教育的另一个重要部分——教师。教师在整个的教育过程中只是一个工具，一个帮助学生到达知识彼岸的工具，一个如春蚕、蜡烛般富于自我牺牲精神的工具。但是，如果我们的教育没有教师主体性的充分发挥，没有教育过程带给教师的幸福与快乐，那么这样的教育还是人性化的吗？能达到和谐吗？教师不仅要为学生活着，也要为自己活着。只有教师工作快乐，才能带给学生学习的快乐；只有教师健康发展，才能培养出健康发展的学生。因此，让教师与学生一起获得成功的体验，一起快乐地成长，一起拥有幸福的人生，才是教育的真谛。在教育中，学生是学习活动的主体，教师是教育工作的主体，两个主体通过自育、互育，协调互动，共同发展，形成有机的统一体，教育的和谐才有实现的可能。

二、树立民主的学习观是实施和谐教育的关键

发展和谐教育把关注教师的发展放在了重要位置。我们看到,新课程改革使教师的成长方式发生了历史性的变革。以校为本的学习活动正在不断推进,无论是教师的自我反思还是同伴互助、专业引领,时代发展越来越强调教师在整个学习过程中建立互助的学习团体,建立真诚的伙伴关系。因此,形成互动的、开放的、对话的、协商的研修文化环境就成为必然。和谐教育更加要求我们在教师中树立民主的学习观,因为民主对话的文化氛围会影响到每一个人的内在品质,影响到每一个人的行为方式,是推进和谐教育的重要保证。我们知道,随着文化的多元化,某些问题不再有唯一的答案。对于同一个问题,不同的人也会有不同的想法。我们要学会尊重别人,可以不同意别人的观点,但要维护别人的话语权。

如果社会如此,那我们的教师走入课堂也会这样面对学生,在开放、尊重的氛围中探讨学习上的问题以及人生的问题。民主的学习环境,意味着创造性,意味着个性,意味着自信;有自信才会有自尊,有个性才会有创造性。

三、树立科学的人才观是实施和谐教育的保证

曾经有老师说:“新课程推进后,学生的自信心增强了,思维活跃了,但是教学质量下降了。”这让人难以理解,自信心强了,思维活跃了,为什么质量却下降了?如果学生的思维和自信心与质量是不协调的,那么,什么才是质量?这就需要我们解决人才观的问题,认识我们的教育要培养什么样的人。在这个问题上达成共识,才有利于推进和谐教育。

爱因斯坦曾说,一个人仅有专业知识是不够的,仅有专业知识不是一个和谐发展的人。一个和谐发展的人需要有崇高的精神,人文的情怀,有对自然、对社会的关注。

一位留美博士曾做过这样的调查。他让中美学生分别完成四类数学作

业:第一类是纯计算的;第二类是简单的文字题;第三类是应用题;第四类是答案开放的、多样的、有真实情景的题目。中国学生在前三类题目遥遥领先于美国的学生,而在第四类题开放真实的情景中,我们的学生却没能保持领先的势头。

国家基础教育课程研究中心曾展示过国际教育发展生态图。把中国的学生放在国际背景中,就会发现我们的学生在知识、勤奋、好学等方面优势明显。这样的优势与中国上千年的文化环境以及我们现行的教育制度密切相关。文化与制度高度融合,形成了这样的优势,使得它在世界上独树一帜。但是,我们无法回避的是,我们的基础教育和高等教育产生的学生,在实践能力、创造性、好奇心、自尊自信甚至某些做人的基本问题上,有结构性的缺损。这是我们无法回避的。

要解决这些问题,我们需要在国际教育的背景下,树立科学的、开放多元的人才观,需要在东西文化交融的环境中,寻求平衡。对美国人来说,他们需要解决读写算较差的问题;而对我们中国人来说,培养一代新人,就要在培养学生的实践能力、创造性、好奇心、自尊自信等问题上下功夫,要培养各方面和谐发展的人。

寻求平衡不是简单的调和,它需要我们每一位教育工作者付出勇气,开启智慧。因为在这个过程中,必定会有暂时的矛盾与挫折,这是走向和谐的必经历程。但我们相信,用科学的人才观作指导,孩子们的人格会更健全,校园生活会更幸福。在十年、二十年后,一代又一代的优秀国民会承担起民族复兴的使命。

人是万物之灵。教育家夸美纽斯曾说过:“人的本身,里外都是一种和谐。”因此,我们在研究和谐教育时,的确需要从关乎生命规律、关乎自然规律的视角出发,转变我们的教育理念。但在构建和谐教育中,我们还要强调的是社会大环境对教育的支持与理解,强调教育制度、教育体制的配合。和谐教育要求突出学校的个性与特色,那么教育管理机构在实施教育督导评价时,是采用同一套评价体系对不同基础、不同层次的学校实施统一的评价，还是在共性评价的同时关注学校的特色发展，这是需要我们思考的。例如，对学生个体的评价，人们谈论得最多、最感无赖的是高考，现行的高考评价与学生未来的发展成正比吗？一个高考获六百分的学生与一个高考获五百分的学生进入社会后，是否有绝对的差距呢？温家宝总理在北京皇城根小学听课时说过："素质教育绝不是不要考核，而是要求考核具有综合性、全面性和经常性。"那么我们的高考应该考什么、怎么考，考试结果怎么呈现、怎么运用，这些都是需要研究的问题。

我们相信，只有在政策和制度的支持下，和谐教育的发展才会不断深入，教育的和谐才有可能。教育的发展，必定伴随着制度的重建，必定冲击传统的文化，必定触及人的心灵，但只要我们坚持正确的观点，并努力付诸实践，衣带渐宽终不悔，教育改革必将走向万紫千红的春天。

谈教研组建设

21世纪的社会呼唤着人文回归，学校教育不可避免地面临着新课程改革的挑战。在实践中，我们越来越深刻地认识到，新课程改革要得以有效实施，必须建立一支高素质的教师队伍。这支队伍产生于教师对自身教学不满，努力提高解决教育实际问题能力的教学实践之中。校本教研也应运而生，成为当前学校发展和教师成长的必然要求。近年来，我校在落实校本教研基地建设中，经过探索，发现要建立以校为本的教学研究，就必须抓好校本教研的基层组织——学科教研组的建设。只有加强学科教研组的建设，形成教师相互尊重、共同探讨、和谐进取的人际氛围和文化氛围，才能更好地搭建教师成长的平台，进而为学生的发展服务。

一、从教育的需要出发，教研组建设坚持独立与开放相结合

教研组是各科教师的教学研究组织，它作为教学管理的基层组织，其重要工作是发现教学中存在的问题，研究解决问题的方法。针对教研组工作的特点，我们坚持独立与开放相结合的办法，组建了多种形式的教学研究小组。

（一）突出独立性，形成教研组建设的网络化

根据我校教师教育研究水平的实际与课程设置现状，我们将研究的着力点分为“德育困惑”与“教学疑难”两大版块。德育研究下设了六个年级

组，并包含品德与生活研究组、心理教育研究组，各年级组长负责拟定研究计划，组织实施，开展研究，由学校德育处承担引领与监督的职责。教学疑难研究整合为语文、数学、综艺三大研究组，分别由教导处、科研处三位主任监督。语文组下设低段、中段、高段三个教研组，数学组下设了低段、高段两个教研组，综艺组由音乐、美术、体育、自然科学、英语微机五个研究组组成。各研究小组由组长负责拟定计划，组织教师根据计划开展研究活动。这样，各研究组具有相对的独立性，教研组长抓过程，中层干部抓监控，学校领导抓目标，形成了科学有序的管理网络，为教研活动的开展奠定了基础。为了确保教研组活动的实效，学校确定了德育与教学两大组别的研究专用时间，并颁布了《教研活动管理要求》《教研记录要求》等相关条例，使学校的教研组管理、教研组活动更加科学规范。

（二）倡导开放性，体现教研组建设的人性化

为了满足教师解决实际教学问题的需要，学校除了十六个相对稳定且独立的教育教学研究小组外，还在全校教师中提倡“研究为教育而存在”的校本教研思想，倡导教师将研究置于教育教学的各个环节，为解决教学需要，生成若干“空堂教研组”“互助教研组”。这样的小组与学校组建的教研组相比，具有很强的开放性、自主性、群众性。一方面，空堂课教师一有空，就聚在办公室，时间得到了保障；另一方面，不是行政手段安排，而是教师自发组成，彼此性格、兴趣相投，易于沟通。这种群众性、临时性研究组织的存在，是教师实实在在的一种需要。教师乐于参加这种小组的研究，也总能在第一时间提出教学中的问题，与同伴共同找出解决问题的方案，充分体现了校本教研以教师为本的人性化原则。

二、从教育的实际出发，教研组管理坚持常规与课题相结合

随着校本教研的进一步发展，学校教研管理的矛盾也突显出来，主要表现为学校的科研课题研究与德育、教学的常规研究相互分离，科研不仅没有

解决教学实际问题，为教师的教学服务，在某种意义上说，还成为教师的一种负担。但科研作为优化教育生产力的一种策略，又是任何一所学校谋取发展的必经之路。为了解决教研管理中存在的“两张皮”现象，使先进理论转化为生动的实践并产生积极成果，有效解决实践中遇到的种种疑难和困惑，提高教学水平，我校将课题研究管理与常规研究管理“双轨合一”：以科研课题为中介，连接课题管理与常规管理两条线，寻求课题管理与常规管理的最佳结合点，使课题管理与常规管理合二为一，形成新型学校管理模式。管理体制的第一层面是科研室与教导处、德育处有机结合，即科研室根据学校教育教学管理现状，确定科研课题及实施策略，教导处、德育处根据科研课题需要拟定工作计划、改革管理措施。管理体制的第二层面是科研处下设的各课题小组与各教研组有机结合，即课题小组根据课题研究重点及学生德育、学科实际确定科研实施措施。教研组长根据课题组措施，进一步调整计划，开展教研活动。这样的管理思路，将学校的课题与教育教学研究相结合，形成人人都是教育研究者的局面，通过“教研合一”，帮助教师在研究活动中由经验型、常规型向研究型、反思型转化，提高了教师的研究水平，促进了教师的专业化发展。

三、从教育的发展出发，教研组活动坚持多元与研究相结合

在以校为本的教学研究活动中，我们十分强调教师应该成为研究的主体，也只有越来越多的一线教师以研究的态度来对待自己的教育教学实践，并且在这个过程中不断提高自身解决教育教学实际问题的能力，学校质量的稳步提高才会真正成为可能。为了增强教师的研究意识，养成自主学习与自觉反思的习惯，并积极形成在研究状态下工作的职业生活方式，我们根据教育发展的需要，坚持多元与研究相结合的原则，发展着学校教师参与教育教学研究的方式：

（一）学习突出系列化

实施校本教研的三个核心要素是：自我反思、同伴互助、专业引领。我

们认为这三者不是孤立存在的三个阶段，使这三者有机融合的关键就是教师的学习。学习可以让教师把显性的认识真正内化为隐性的文化积淀，因此，教研组活动必须以学习为起点。我们要求各教研组在每期中开展“十个一”的比学活动，即要求教师每周参加一次教学研究活动、参加一次教师素质培训，每月参加一次课例评析、完成一次教师反思，每期上一次公开课、完成一篇教学案例、读一本书并完成读书笔记、参加一个专项课题研究并有相应的研究成果与过程资料、完成一篇教学研究论文、参加一个教学软件的开发。比学活动明确提出了教师每周、每月、每期的学习内容，使教师的学习、学校的管理有章可循。为了满足教师日益增长的学习需要，学校还利用校园网络、校本培训、外出学习、推荐教育书目向广大教师传递教育信息。教研组定期或不定期交流学习成果，让学习成为教师的一种生活、一种习惯。

（二）反思突出多样化

我们深知，要让教师要具有自觉改进意识与自我提高能力，就需要进行反思教学行为的研究。因此，我们对教师提出了反思要求，并努力为教师营造一种反思的氛围，要求各教研组以教师为本、以教育教学实际为本，以教师的自我反思为前提，安排以下形式的研究活动：(1)看看我的反思教案：变革传统备课模式，推行“通用教案”与“执教笔记”相结合的备课方式，让教师先备出体现新课改理念的“通用教案”，并留下“补充窗口”“后记窗口”，教学结束后，根据教学实际，对教学目标、效果及策略进行评定和反思，教研组组织教师进行反思教案的展评；(2)读读我的教学随笔：教师每个月结合学校和个人教学实际，围绕某一典型案例或教学片段，用新课程的理念和观点进行剖析，写出随笔，并带入教研组，与大家分享；(3)听听我的教育故事：教师用心教书，用情育人，必然捕捉到教育生活中那些鲜活生动的场面，记下这些点滴，并生动地讲述，让同事们共同品味教育的甘苦，感悟教育的真谛，也不失为一种好的形式。总之，通过多样化的自主反思，教师清晰地看到了自己的成长轨迹，看到了教育的蓬勃生命，也体验到了研究的无穷乐趣。

（三）交流突出合作化

约翰·密尔说："一个人对某个问题有所知的唯一办法是听不同人对这个问题所提出的不同意见，了解具有不同思维特点的人是如何使用不同的方法来探究这个问题的。"这就说明独学无友则孤陋寡闻。教师要获得成长，必须依存于一个有合作意识的集体，而教研组正是实现教师通力合作、促进教师专业化成长的基层组织。在这个组织中，教师之间建立积极的伙伴关系，建立合作学习的文化，形成宽松开放的氛围有着极为重要的意义。因此，我们要求教研组以两种主要的活动模式（即课例研究和问题研究）为载体，努力为教师搭建对话交流、合作互助的研究平台。

1.以课例为载体的互动平台

(1)观摩式学课：为了方便各组教师开展课例研究，学校购买了部分走在课改前沿的专家课例光盘。教研组在活动中，通过对课例的观摩学习，深化对新课程理念的理解，并将理论与实践有机结合。

(2)集智式备课：教研组根据教学实际，如教材中变化的内容、教学中感到迷茫的课型，选出一课安排组内教师先自主备课，集中活动时，相互借签，相互补充，整合为一份教案，再用于实践，并反复修订。

(3)双向式说课：在组内活动中，更加注重教师的多向互动，改变过去说课时，中心发言人就教学过程的"一言堂"、其他教师敷衍了事的局面。说课教师侧重于表述教学目标、各环节的安排，并在表述中留出时间，由听者做出点评，评析其设想的合理性、可操作性，从而帮助教师更理性、更宏观地去思考教学。

(4)探讨式作课：围绕"教与学方式变革的研讨"这一核心，采用多样化的形式探索：可以是同一内容、同一教师反复作课，组内成员共同研究，在实践—反思—再实践—再反思中有所收获；可以是同一内容由组内成员分别上课，在教师不同风格、不同方法的教学中，研讨最佳方案；可以是围绕所定专题，选择不同内容上课，寻求存在的规律，并进行总结提炼。

(5)沙龙式评课:强调同伴间有一种互助、合作的学习文化,形成宽松的环境,以文人雅士的沙龙式聚会营造出人性环境,让教师能聆听到同伴发自内心的声音,思考课堂教学的成败。

(6)汇报式献课:为促进教师的专业化发展,学校为教师提供展示平台,开展多种汇报展示活动,并倡导以基层教研组为单位参加,通过活动体现集体研究的水平和能力。这样,既给教师提供了学习机会,也为更多教师创造了脱颖而出的机会,还增强了基层教研组的凝聚力,推进教师更好地合作、互助。

教研组在活动中可以选择其中的一种形式进行,也可以选择其中几种课例研究方式穿插进行。

2.以问题为载体的互动平台

(1)问题会诊:教研组长广泛收集教师在教学实践中遇到的疑难困惑,确定一个主题,公布给同组教师,让教师先进行独立探索。教研活动时,小组成员汇集在一起,畅所欲言,表达自己的认识,组员再进行概括提炼,找出规律性的东西,进行条理化、理论化。

(2)课题汇报:开学初,教研组根据本组教师选定的校级课题,设计一个具有探索性的研究专题,教师再围绕这个专题定出个人研究的小课题,并制定切实可行的方案开展研究。教研组每月定期开展一次课题研究进展的汇报,通过"教研合一"的对话交流,让教师相互学习研究的方法,并将课题研究与教学实际联系起来,发展每位教师的科研能力。

(3)信息交流:充分发挥网络、图书资源的作用,使其服务于校本教研。教研组根据教学实际,确定教师课外学习的专题。教师围绕主题,广泛阅读教育著述,查看教育网站,并筛选出有交流价值的内容,在开展组内活动时,进行信息交流。学习与交流不仅丰富了教师的资源获取途径,也促进了教师进一步养成终身学习的习惯和意识。

(4)引领对话:教研组在围绕问题展开对话交流时,要尽可能地变组内独立活动为开放活动,一方面与教研机构联系,与课改知名学校联系,为校本教研开通校外通道;另一方面,发挥校内管理干部、骨干教师的作用。通过多渠道引领,促进教研组的活动更切合教学实际,也帮助教师更好地解决教学实际问题。

总之,在新课程改革中,我校力图以教研组活动为突破口,提升“校本教研”的品位,促进教师的专业化发展。我们深信,随着我校校本教研的深入发展,我们的教师会越来越成熟,越来越焕发生命的活力。与新课程同步,与新理念同行,我们的学校也必将沿着以人为本、以合作为本的教研之路,谱写出更加辉煌灿烂的篇章。

谈谈科技教育的践行

新一轮课程改革的推进，对教师的教育观念形成很大的冲击。当我们用发展的眼光，站在时代的更高点审视当下的教育时，我们愈加深刻地认识到，学生的创造能力与实践能力的发展是其综合素质得以提升的重要因素，更是其步入社会后得到更好发展的必备素质。科学教育作为素质教育的重要组成部分，对于学生的素质发展有着特殊的、不容小视的作用。在教育整体发展的今天，当越来越多的教育有识者提出文化治校的理念时，我们就学校的科学文化发展进行了积极的研究，并提出“以学生主体为基本原则，以广泛的实践活动为科技教育的载体，树立科学教育与技术教育相结合，科技教育与人文教育相结合”的教育理念，从科技德育、科技活动、学科渗透、科技环境等多方面构建学校开放、和谐的科技教育网络，走出一条具有科学教育文化特色的素质教育之路。

一、把握德育工作时代特色，深化学生科学态度、科学行为、习惯的培养

科技教育是顺应时代要求和学生发展需要而进行的教育，除了对学生施以现代科技知识和方法的教育外，还强调培养学生的科学态度、科学情操、科学意识等内在的科学道德，以及包括学习习惯、个人生活习惯、适应集体生活能力、维护环境卫生等在内的科学行为、习惯。这不仅丰富了科技教育的内涵，也吻合学校德育工作目标。

德育工作在长期的实践中，形成了以养成教育为重点、以德育活动为载体的富有时代气息的德育模式。遵循我校德育工作的基本规律，我们在德育工作中把握三个主要的渠道，对学生进行了科技道德的教育。

（一）利用“一会一课”，对学生进行科学道德的明理教育

理是行的基础。要激发学生追求真理、勇于探索、谦虚好学、坚韧不拔的科学态度，培养学生在学习、卫生、个人生活以及适应集体生活、自觉维护环境卫生等方面的良好品质，就必须解决“为什么”这个基本问题。只有在明理的基础上，才能强化学生的道德情感、道德行为的内驱力。因此，我们充分利用晨会、思想品德课，对学生进行科技道德的明理教育。一方面，组织学校德育工作者在学习有关科学教育指导思想的基础上，将科学教育的内容、目标与教育部颁布的义务教育小学思想品德课程标准相结合，拟出各年级对学生科学态度、科学行为、习惯的具体培养目标，发动全校师生按年级目标搜集实施教育的信息资源，如：科学家的故事、科学史与人类发展、良好习惯的重要性等，形成学校科技德育的序列性资料。在晨会、思想品德课中，利用广泛的信息与学生进行交流、对话。在形象的说理、丰富的例证中，让学生明白“为什么”。如：在低年级晨会课中，教师对学生进行爱护花草树木的教育，用正反例证让学生在对比中形象地认识到花草树木对美化环境的重要作用，为培养学生自觉维护环境的行为奠定了认知基础。又如，教师在教学《勇于创新》时，与学生共同收集了诸多创新改变社会、创新造福人类的实例，让学生充分认识创新的重要。

（二）利用少先队活动，对学生进行科学道德的激情教育

在学生道德行为内化的过程中，情是理的深化、行的动力。为了使学生养成科学精神、科学行为习惯，我们植根于少先队组织，以丰富多彩的大、中、小队活动为载体，激发学生的科学道德情感。例如：在十月爱国主义活动月中，体现科技教育，开展“赞祖国科技成就，学科学家”的主题活动；结合

抗击传染病的内容，开展少先队“五自”争章活动，培养学生科学自护能力。总之，我们以生动活泼的少先队活动为载体，寓教于乐，激活学生的道德情感，对培养学生的集体主义精神、勤学好问的品质、无私奉献的思想有良好的效果，提高了学生的行为规范水平和社会责任感，学校校风校貌、环境卫生得到提高。

（三）利用《小学生思想品德行为评价手册》，对学生进行科学行为、习惯的养成教育

德育工作中对学生进行明理、激情教育，最终目的是培养学生的道德行为，是规范学生的行为习惯。抓好行为习惯的养成教育，是我校德育工作的重点。我校将对学生的科学态度、科学行为习惯的目标与义务教育小学思想品德课程标准相结合，拟出各年级学生道德认知、行为、习惯的具体目标，列入各年级《小学生思想品德行为评价手册》，设立学生行为、习惯形成性评价指标，坚持对学生进行行为、习惯的定期评价，一周一次形成性评价，一期一次终结性评价。在评价中，培养学生的自我教育能力，促进学生学习习惯、个人生活习惯、卫生习惯以及适应集体生活、维护环境卫生等多方面良好行为的形成。

二、把握学科特点，实施科技教育与学科教学的结合

课堂教育是学校教育工作的重心，是实施科学教育的重要途径。为有效地利用学科课堂教学实施科技教育，我们通过研究各学科的课程标准，反思教学现状，分析学科特点，进行科技教育与学科教学结合的实践研究。

（一）在科学类课程中实施科技教育

我们将自然、信息技术列入科技类学科，作为学科教学中实施科技教育的主阵地，因为自然学科对学生进行系统的自然科学知识的教育，有助于直接对学生进行科技素养的培养和训练，而信息技术本身就是高科技的产物，

具有培养学生科技素养的功能。我们将自然、信息技术教材与新课程标准相结合，分列出各册教材中实施科技教育的具体目标，将科技类学科中的科技教育因素按低、中、高三段进行系统化整合，提高教师教学的针对性。在教学中，教师们自觉地以科学课程标准理念为指导，以学生的发展为本，总结出科技类学科教学的基本原则：

(1)科学性原则：给学生传授的基本知识、基本技能要科学、准确，符合小学生的身心发展规律和认知规律；

(2)实践性原则：强调理论与实践结合，将教材内容与学生自身以及周围的生产、生活结合起来，让学生在愉悦的实验、考察等实践活动中提升科技能力；

(3)综合性原则：教学中注重知识的综合性、方法能力的开拓性，培养学生的科学、技术和社会的综合能力；

(4)创新性原则：在教学中，与教材结合，改变学生的学习方式，使学生在探究式学习中点燃创新的火花，注重培养学生的创新精神、创新意识和创新能力。

(二)在语言、数学、艺术、社会等学科中渗透科技教育

我们将各学科的课程标准与科技教育的课程理念进行对照，从科技情意、科技知识、科技方法和能力三个方面寻找学科教学与科学教育的结合点，并以此作为在学科教育中渗透科学教育的出发点。

(1)情意渗透：重视科学的人文功能，让学生感受社会的进步、生活质量的提高离不开科学发明和技术创新，通过科学家的事迹、科学发展史，培养学生科学探索的精神、科学求实的态度，让学生树立正确的科学情感、态度、价值观。如语文学科《爱迪生》《小蚂蚁》等课文的教学，与学生平时的观察体验结合，并借助多媒体手段，让学生进一步了解科学家的故事，了解动植物常识，从而激发学生对科学的兴趣和对科学家的崇敬。又如数学教学中，通过体验数学在生活中的应用，让学生认识科学的重要，通过教学圆周率让

学生收集祖冲之的故事，通过数和计量单位的产生、发展渗透实践第一的观念，培养学生实事求是的科学态度和勇于探索的科学精神。音乐学科的《在希望的田野上》、美术学科的《邮票的设计》、社会学科的《交通的发展与变化》等大量课文都蕴含着丰富的科技情意教育点。

（2）知识渗透：科学教育的课程标准中提出了包括生命科学、物质科学在内的七个方面的科技知识目标。在学科教学中，教师们突破学科特点，将学科教育转化为有关科技的教育，把握学科教材，见缝插针，对原教材进行拓展、引申，渗透科技知识。如语文学科中的《黄河象》《琥珀》等课，借助多媒体，让学生了解黄河象、琥珀的形成过程，进而感受现代科技的魅力，丰富学生的科技知识。音乐学科《小雨沙沙》一课的教学，教师让学生学唱歌曲，感受种子欢快成长的心情后，告诉学生种子发芽需要阳光雨露，课后将学生带入大自然，观察雨后青草绿树的生长，感受自然的勃勃生机。

（3）方法、能力渗透：科学方法、能力蕴含在知识形成、发展的过程中。因此，在教学中，我们注重与科技教育结合，通过概念形成、规律建立、知识扩展、原理运用等，有选择、有层次地向学生渗透观察、类比、概括、推理、分析、归纳、综合等科学方法，培养学生观察分析的能力、实际操作的能力、思维能力以及收集、处理、运用信息的能力。如我校教师在执教数学实践活动课《测不规则物体的体积》时，让学生反复实践，在探究中总结、归纳，发展学生思维。语文、社会学科教师利用现代教育技术，结合教材，让学生收集信息，发展学生的信息素养；体育学科《跪跳起》教学中，教师让学生体验、感受弹簧的特性，用身体模仿弹簧的弹性，从而掌握跪跳起的方法，提高学生用科学解决实际问题的能力；又如音乐学科的《创作旋律》、美术学科《纸筒人》通过科技方法、能力的渗透，促进了学生综合素质的发展。

三、注重素质教育，在科技活动中推动科技教育的发展

开展形式多样的科技活动，对培养学生的科技知识、技能和方法，养成正确的科学思想、态度有重要作用。为了促进学生科技共性和个性的协调

发展，我们为学生开展了普及型、提高型两个层面的系列活动，让学生从感兴趣或较熟悉的现象入手，在活动中积极探索研究，发展科技素养。

（一）把握儿童年龄特点，开展科技教育普及型活动

为促进科技教育在全校范围内的普及，我们在每年的11月为学生开展“科技节”系列活动，把握儿童年龄特点，有目的、有计划、有组织地指导学生分年级、分层次开展多项科技活动。

1.重意识、重知识，开展科技节读写活动

每年的科技节历时一个月。第一阶段，我们开展科技读写系列活动：举行科技教育读书活动，读科技读物，看科技电影，低段围绕读书活动开展故事演讲比赛，高段围绕读书活动开展征文、演讲竞赛、辩论会；举办科技小报展评，低段完成剪贴报，高段完成手抄报。读写活动的开展，让全校学生人人读科普读物，收集科技信息，写心得体会，丰富了学生的科技知识，激发了学生的科技情感。

2.重探索、重实践，开展“科技节”实作活动

在科技节的第二阶段开展实作竞赛，根据儿童年龄特点，确定活动重点：低段解决是什么，中段解决为什么，高段解决怎么办。围绕活动重点，开展形式多样的活动。如：以普及科技知识为主的科幻画竞赛；以培养学生科技技能为主的小制作、模型制作、网页制作等；以问题为中心培养学生研究能力的小实验；以发展学生创新能力为主的综合性活动小建议、小发明等。形式多样的科技活动，使学生都有机会参与，促进了学生科技素养的发展。

3.重拓展、重开放，开展科技节考察活动

考察活动受地域和气候条件的制约，往往不能在11月科技节中完成。我们将此项活动作为对科技节系列活动的延伸，与儿童的生活接轨，与社会的发展接轨，充分利用科技教育资源，开展不同主题、不同层次的考察活动。一方面，开展社区考察活动。利用周边的社区和科技教育基地开展考察活

动，如：组织学生考察江北国际机场的营运及发展，考察宝圣湖水污染，考察芦山村果农种植枇杷的情况，考察依之密活塞厂，了解工农业生产等。社区考察活动中，我们还时常让学生围绕富有时代性的主题进行考察，如抓住渝北区创建卫生城区这一契机，组织学生考察，了解为什么创卫生城区以及在创卫生城区活动中该怎么做等。另一方面，开展家庭科技考察活动，如：考察生活中如何节约能源、如何减少污染以及科技发展与家庭生活水平的变化等。

（二）重视学生个性发展，开展提高型科技活动

为满足学生科技个性发展的需要，我们为学生成立了少儿科学院，坚持开展科技兴趣小组活动。科学院下设十九个研究所，包括以科学类学科为主的动物、植物、气象、环保、航天、化学、天文、物理等十一个科技教育实验组织和以人文学科为主的八个科技教育渗透组织，由科学类学科教师任实验组织教师，由其他学科部分骨干教师任渗透组织教师。学校采用学生报名与教师选择相结合的办法，从全校范围内选取部分科技素养较好的学生作为兴趣小组成员。在辅导时间上实行长短课相结合的办法，保证科学院的研究所每周二、周四有两次集中活动的时间。在活动空间上，更注重校内外的结合，注重社区科技教育基地的利用。通过有组织、有计划的参观、访问、考察，以及学生自主的制作、实验、发明和搜集资料，学生的特长得到了发展。

（三）利用活动成果，开发具有地方特色的校本课程

通过科技活动的开展、科普方案的撰写，我们充分认识到，巴渝文化蕴含着大量的科技教育资源。提炼具有地域特色的科技教育资源，对学生普及“身边”的科学是可行的。这些教育内容既有现代气息，又与儿童的生活实际相联系，学生看得见、摸得着、经历过，能更切实地获得科技素养的发展。我们从江北国际机场、依之密活塞厂、家乡的水、家乡的山、家乡的桥、

家乡的石等有地方特色的内容入手，挖掘科技教育资源，编写了共8个单元、32课的科技校本教材。如第三单元《家乡的水》，包括《家乡的水》《双龙湖的变迁》《水生动植物》《认识水质》等内容，具有现实性、科学性。此教材对各中队开展社区科技活动起到了极好的指导作用。

四、注重环境教育功能，创设全方位科技教育环境

科技教育环境对激发学生的科技情感、启迪学生的科技意识有重要作用。我们立足物质、心理、文化等多方面的需要，构建了立体直观、开放和谐、全方位的科技教育环境。

1.构建立体的科技教育文化环境

充分发挥学校宣传教育阵地在科技教育中的作用。走进校门，在左右墙面的瓷砖画中展示科技教育成就，以及江泽民关于创新的讲话；内校门顶上的雕塑“奔向明天”以及红色大型标语“爱科学、学科学、用科学”激励学生勇攀科学高峰。进入校园，我们利用校门的橱窗设立“科技情报”专栏，定期更换内容，如科技常识、科技动态等；设立“科技群星”专栏，定期表彰科技活动中的优秀集体与个人，宣传其事迹。利用各楼层走廊，设立科技教育文化廊，一楼是“想象天地”，汇集学生的科幻绘画与科幻作文；二楼是“科技名家”，将科技名人挂像、科学家的名言警句悬挂在墙上；三楼是“科技乐园”，展示学生的科技考察报告、实验报告，并设立科技展示厅，陈列学生的科技小制作、小发明。利用各班教室的空间，设立“一报三角”，即科技板报、科技活动角、阅读角、评比角。

2.构建综合的科技教育活动环境

从学生的实际需要出发，开辟丰富的校园活动环境。在校园的庭园、走廊等地开辟校园生物园，既有与学科教学相联系的小饲养、小种植，又有拓展学生知识的新“视觉”；在校园楼顶建立红领巾气象站，配备百叶箱、风速计等设备；成立多用途的科技教育制作室、实验室，配备满足学生操作所需的各种工具、仪器、材料等。

3.构建直观的科技教育信息环境

为服务科技教育，除加强科技图书资料的建设外，我校还加快了信息化建设工程，建立校园网络、校园双向闭路系统、校园广播站，做到信息资源“班班通”“时时通”。利用信息环境，定期举办科技教育专题节目，及时为学生传送科技时事，宣传学校科技教育情况。学生在这样的环境下，能方便、快捷地获取更多信息。

4.构建和谐的科技教育人际环境

学校以新课标理念要求教师树立全新的育人观、师生观、质量观。在科技教育工作中，要分析儿童的心理特点，关心、爱护和尊重每一个学生，采取不同方式满足学生的不同需要。创设师生间、生生间在合作中竞争、在竞争中创新的人际环境和积极进取、文明向上的学习氛围，形成良好的科技教育校风。

5.构建开放的科技教育社区环境

学校与渝北区科委、环保局、林业局、公安分局消防处、武警中队、科技农业产业园区、江北国际机场、依之密活塞厂等单位签订科技教育共建协议，建立起学校科技教育的有力后盾。开辟出芦山村枇杷园、花石沟恐龙馆、铁山坪饲养场、双龙湖水库、城南污水处理厂等八个主要的校外科技教育实践基地，开放的社区科技教育环境，促进了科技教育向校外的拓展、延伸。

通过科技教育环境的创设与实施，我们认识到，要最大限度地发挥科技环境的教育功能，必须注意以下几点：

(1)正确把握科技环境创设的目标，把它与学校的科技德育工作、科技学科教学、科技活动有机结合，增强科技环境的实用性；

(2)正确把握学生的心理特点与认知水平，创设有助于学生科学素养提高的客观环境，增强环境条件的实效性；

(3)对学校已有的硬件设施要加以综合利用，避免环境创设中的浪费。

总之，在实施科学教育的过程中，我们从教育自身的规律出发，取得了一些经验性的收获，为新课程改革奠定了有力的基础。展望未来，我们认为下一阶段科技教育工作还要从以下几方面努力，以取得更大的发展：

(1)我们立足于发展，改革对学生个体的评价方式，对各班队科技发展水平的评价还有待建构系统的、科学的、操作性强的指标体系。应通过对各班级科技教育水平的评价，形成你追我赶、相互竞争的良好势态，推动此项工作的蓬勃发展。

(2)虽然探索到了在学科教学中渗透科技教育的一些方法、途径和原则，但还应在下一步工作中，进一步提炼规律，以先进的教学理论为指导，构建出各学科渗透科技教育的基本模式。

谈我们的研修文化

教研是伴随教学的产生而产生的。今天我们所研讨的校本教研，是为了解决教师在基础教育课程改革的深入发展过程中遇到的各种新困惑、新问题而发展起来的。因此，校本教研的目的在于全面落实课改目标，切实提高教学质量。它的目标应指向教师的专业化发展，这是决定课改成败的关键，是取得课改成功的必由之路。通过对新课程理念的学习，对校本教研内涵的领会，我们努力探索，开发出了校本教研的新领域。

一、实施校本教研，必须以教师的主动性为前提

校本教研立足于教师本身、课堂本身，它需要我们的教师以一种真实的、开放的心态来正视教育教学中存在的困惑，以一种学术研究的热情来处理教育教学中存在的疑点。也只有当教师以主动研究的态度参与到校本教研中去，才能推进学校教育教学质量的稳步发展。因此，教师的主动性成为校本教研得以全面有效实施的重要前提。教师的主动性得到最大限度的释放需要条件，这个条件就是学校管理与教师个人愿望的有机统一，这样，教师的个人主观能动性才能得到最大限度的发挥。因此，理想的校本教研是教师生命成长的教研，是教师情感升华的教研，是充满文化品位的教研。要实现理想的校本教研，管理者必须从思想上、物质上给予教师更多的关怀，努力为教师营造和谐向上的进取氛围。

1.权利保障

实施优质教育必须有一批优质的教师,一支专业技术拔尖的优秀教师队伍。基础教育改革把教师的专业化发展摆到了前所未有的高度,教师的培训、学习,显得比以往任何时候都更加重要。要满足教师校本教研的需要,首先应该保障了教师的三种权利:

(1)保障教师拥有受培训权。可以采取送出去、请进来的办法,让教师参与培训,可以组织教师间的同伴互助,可以利用教师的自培自训等等。

(2)保障教师拥有购书权。如:为教师设立订购教育书籍的专用经费,充实校园图书馆图书库存等。

(3)保障教师信息获取权。创设现代信息环境,搭建校园网络,设置"校本教研专栏",内设"教学指导""教育资源""教学信息""教师沙龙"等栏目,为校本教研建构绿色信息通道。

2.政策扶持

校本教研最经典的解释就是"为了学校、基于学校、在学校中"。学校的发展只有植根于学校生活,贯穿于学校发展的过程,靠学校的自我觉醒、自我努力、自我提升,我们所追求的改革才能积淀为学校的传统和文化。因此,强有力的支持系统与激励机制是推动校本教研的保证。学校要从两个方面展开工作:一是不断地把教师个人的智慧、经验和思想转化为集体的财富,并形成学校的特色和传统,从而实现以教师的发展推动学校的发展。在教师聘任中,要充分利用学校的人力资源优势,预先通盘规划,进行设计,拟定薄弱学科、重点设岗、学科组长等岗位的布点、聘任办法,通过公开招聘、职级聘任、绩效工资补贴等,优先保障教研网络的建立,使一部分专业知识水平高、教育教学经验丰富的骨干教师,成为学科带头人、专业引领人,让教师个人的知识财富运用于集体,为开展校本教研奠定良好的基础。二是要建立完善的激励机制,通过自身的文化和机制,感染、熏陶、培育教师。每学期,要对教研组、教师个人开展研究活动的情况进行总结评定,评选优秀个人和先进教研组,张榜表彰,大力宣传,给予教师精神鼓励,并予以量化加分，结合绩效工资进行奖励，在晋级提干中优先考虑，从政策导向上向具有校本教研成果的教师倾斜，为教师的发展创设良好平台，促进教师转变教育观念，改变教学行为，提高理论水平。

3.目标导向

要让教师成为校本教研的主体，就必须使校本教研成为教师的一种实实在在的内在需求。也只有着眼于学校发展与教师个人发展的统一，才能实现真正意义上的可持续发展。如何发展校本教研，使它与一线教师本身的需要有机统一？我们认为，除了物质上的保障、精神上的激励外，思想上的引领、目标上的导向同样重要。如果说以学生为本，意味着不同的学生有不同的发展，那么，以教师为本，也应当树立不同教师有不同发展的观念。学校的教师不会处在同一层面，他们有差异，也有各自的特点。校本教研要激发教师的主动性，就必须让教师找准个人的定位，满足自身的需求，取得不同的成长。

我校在校本教研工作中，根据教师的情况，拟出三个层次的教师发展标准，即成长型、研究型、专业型，不同层次完成不同工作，实现不同目标。在教师评价上，我们淡化教师之间的横向比较，注重教师自身的纵向比较，根据教师的成长状况给予不同待遇，从而使教师认识到校本教研与自身发展密不可分，将个人发展与学校校本教研统一。学校要以明确的目标引领教师投身校本教研工作，促进教师实现可持续发展。

二、实施校本教研，心须以研究的实效性为保障

福建师范大学的余文森教授在《论以校为本的教学研究》一文中指导出："以前我们更多的是关注教育或教育改革本身，而忽视承载教育和教育改革的学校，以至于难以达到预期的目标。发展教育必须通过实现发展学校来实现，改革教育必须通过改革学校来实现。课程改革的依托在于建设具有新理念、新精神、新制度的新型学校。"可以说，变革陈腐的教研制度，建立新型的教研制度，既是新课程实践的需要，也是新课程顺利开展、校本教

研开创全新局面的保障。为此,学校必须以提高校本教研的实效性为根本出发点,以学校的发展、教师的发展、学生的发展为最终归宿点,进行一系列校本教研制度的变革与探索。

1.变革分组活动

在教研组的建设上,要更加注重它对教师研究工作的推动作用,打破传统的固定教研组,建立多种形式的教学研究小组。有以同一年级同一学科为单位的语数小教研组,有以年段为单位的语数大教研组,有以同一学科不同年级教师组成的综艺学科组,还设立了同一年级跨学科的综合教研组。教师在不同的组织形式中寻找不同的研究重点,解决教学的难点,同时促进了学科组间的互助学习,共同发展。为推动学科组研究活动的发展,要建立一定的规章制度,我们要求各组的研究活动做到"四有"(有提炼出来的教研专题,有解决问题的初步设想,有中心发言人,有活动记录)"三保证"(保证时间、保证人员、保证实效)"两结合"(校本教研与课题研究相结合,校本教研与校本培训相结合)。

特别需要一提的是,校长作为校本教研的第一责任人,他的思索与定位、他的重视与支持,都极大地鼓舞着教师。只有激活了教师的内驱力,才能使理念转化为行动,教研工作才会呈现良性态势,积极发展。因此,校长与教师直接面对自身的教学问题而展开的思考、探索和改进等活动,是非常重要的教学研究活动。在实践中,我们提出了干部的"五善"策略,即要求从校长开始到各中层干部必须每月到一个学科组参加活动,在活动中做到善于听、善于思、善于写、善于说、善于评,以保证对教师与教研组的引领作用。

在各学科组实施的具体活动中,我们倡导各学科组推行与新课程相适应的两种反思型教研模式,在这一过程中让教师将"学会教学"与"学会学习"统一起来,努力提升教学实践的合理性。

(1)以课例为载体的反思型研究模式:瞻前式学课—集智式备课—双向式说课—对话式上课—沙龙式评课。研究活动可以取其中一个环节进行,也可以是其中几个环节的反复进行,如:对话式上课与沙龙式评课就可以有多次实践，在实践中强调教师个人、教师群体的反思：教师在备课中对学课有一定的反思，在说课中引发对备课的反思，在评课中产生对前一过程的反思。

(2)以问题为主线的反思型研究模式：要把教师为问题而来、带着问题而去的研究与教师每月的个人自我反思结合起来，形成螺旋式上升的研究势态，思路如下：教师反思、提出问题—共同选择、确立主题—参与行动、解决问题—梳理反思、达成共识—自主实践、生成新问。

2.变革师资培训

过去很长一段时间里，各校都很注重抓教师三笔字和普通话的学习、现代教育技术水平的提高，但走进新课程，我们发现新课程对教师而言，最重要的不是三笔字、普通话，不是现代教育技术水平，而是教师教育理念的提升、教育能力的形成，是教师要真正树立一种全人的教育观，一种着眼学生终身发展的教育观，是教师需具备对自己的教育行动与教育活动加以思索、研究、改进的能力。这种提升，绝不是一次报告、一次赛课就能完成的。让一些显性的认识真正内化为教师的隐性文化积淀需要一个过程，而这个过程就是教师以形成先进教育思想、科学实践能力为核心内容的学习。因此，我们倡导在教师中启动以提高研究水平、实践能力为方向的“十个一”比学活动和“两条龙”集训活动。

(1)“十个一”即对教师提出每周、每月、每期的学习任务，①保证教师每周参加一次教学研究活动；②每周参加一次教师素质培训；③每月进行一次课例评析；④每月完成一次教师反思；⑤每期提供一次公开教学；⑥每期完成一篇教学案例；⑦每期读一本书、完全成十页的读书笔记；⑧每期参加一个专项课题研究，并有相应研究成果与过程资料；⑨每期完成一篇教学研究论文；⑩每期参加一个教学软件的开发。

(2)“两条龙”集训活动，即紧扣师德师风建设与教育理论提升，由学校校本培训管理人员针对教师的现状和学习需要，安排有序列性的培训。多样化的培训形式与教师个体、学科小组的评优评先挂钩，使学校学习氛围更浓、进取精神更强、教学水平更高。

3.变革交流平台

过去学校的教育教学经验交流以单向信息传递为主，不能更好地引发教师去思考、去体验，因此实效不佳。随着校本教研的推进，抓好教师实践性知识的不断丰富和实践智慧的不断提升，成为教师专业化成长的关键。因此，我们有必要改革过去的交流形式，为教师搭建双向交流平台。平台注重引导教师的信息交流、经验共享、专题辩论，教师通过彼此的交流可以最大范围地促进教育信息的流动，扩大和丰富教师的信息量，让教师获得单独学习所得不到的东西，让已有的经验在分享中不断升值。

(1)教学笔记交流平台：对教师备课推行“通用教案”与“执教笔记”相结合的方式。让教师先备出体现新课改理念的“通用教案”，并留下“补充窗口”和“后记窗口”，让教师在执教过程中，根据自己的教学个性和学生实际，完成两个“窗口”的笔记，随时记录自己在教学过程中的收获。与此同时，学校为教师搭建交流平台，采取“周交流、月总结、期评比”的办法让各年级学科组每周有半小时的展览欣赏，年段学科组一月有一次教学笔记的互动交流欣赏，学校期末评估时，以教师的教学笔记为评估优秀教案的材料，从而引领教师形成教学个性，实现教学方式的深刻变革。

(2)教学问题交流平台：教师发现问题的过程就是深刻思考与反思的过程，解决问题的过程就是教师们实践与创新的过程，因此，搭建教学问题交流平台，有利于促进教学的发展。在实施中，要注重教师在交流中的参与、交流后的延伸。首先要进行优秀话题的征集，要求教师结合教材、教学实际，提出一个具有研究价值或自己感到困惑的问题，通过“问题悬挂”板块，向学校教师发布，并设立“方案招标”栏目，让教师先进行个别交流，引发思考，做好当面交流前的组织工作。在教师进行小组教研，有了充分思考后，再选出一些问题组织现场交流探究活动。双向互动、对话商榷等形式，让教师以开放的心态倾听同伴意见，带着新的思考走向交流后的实践，去探寻更多的发现。

4.变革同伴互助

在新课程的推进中，新老教师都不同程度地面临着教学理念与教学行为的挑战，因此，建立新的互助形式、选择新的互助伙伴成为必然。利用学校已有人力资源，推行“名师挂职服务制”，对校本教研的开展有着重要意义。学校可以用答辩、竞选等形式从全校研究型、专业型教师中选拔一部分课改引领人，让他们担任各学科的引领职务，并享受一定待遇。教师根据个人情况，打破学科界限，从校内名师中寻找帮助者，签订互助协议、互助责任书，成立若干帮扶小组，根植于教学实际，以课堂教学为载体，开展“三课一条龙”帮扶活动，即互动跟踪听课（旨在通过“手把手”的导教，把握教学的基本规律）、三段两反思作课（旨在通过对典型课例的研究提高教学评判能力、研究水平）、与名师同上一课（旨在体验成长，找到差距，确立更高目标）；通过扎实有效的系列性帮扶活动，充分发挥校内名师的辐射带头作用，打破学科界限，促进学科间的相互了解，也促进各类教学人员更加深入地领会每一个课例所蕴含的课程发展理念，进而获得建构理论与专业成长的机会。

回顾在探索校本教研有效途径过程中走过的曲折道路，我们为取得的成功而欣喜，也更加坚定了“教师成长系于教研”的认识。历史已经进入一个新的时代，我们相信，随着新课程的深入发展，随着校本教研的深入开展，教师会越来越成熟，越来越焕发生命的活力，校本教研也将以更强的冲力推动学校教育教学的可持续发展，我们定将把更多的目光投向教育研究的新途径、新方法的追寻，谱写教育发展的全新篇章。

爱心无限　师德永恒

1991年9月，师范毕业的我回到了阔别六年的母校任教。在这里，每一处草木，每一幢楼房，对我而言都是那么熟悉而又陌生。走在校园里，心情无比激动，因为从那一刻起，我将登上神圣的三尺讲台开始新的生活。在教育这方热土上，我一干就是十三年，十三个春秋，十三载风雨，我坚守的只有一个信念，那就是："把爱无私地奉献给我的学生。"

"把爱无私地奉献给我的学生"作为我的人生追求，不是与生俱来的，是因为我的学生给了我丰厚的馈赠，是我的学生让我义无反顾。

从教伊始，我对教师权威充满仰慕，对教书育人充满好奇。我何曾想到，这个职业带给我的却是难言的酸、辣、苦、涩。初上讲台，接手的五十多个孩子就像一个个跳动的皮球，按住这个，又蹦出了那个，几个月下来，我已被这群顽劣的孩子搞得声嘶力竭、焦头烂额。个别家长不但无视我的劳动，还到学校斥责我没把孩子管好，要学校把我这"新毛头"给换掉。我无法忍受孩子的顽劣，更无奈家长给予的尴尬，内心满是委屈、无助。想想我的同学，有的进了党政机关，前途明亮；有的下海经商，收入不菲。而我，不仅囊中羞涩，还终日饱尝学生的折磨、家长的抱怨，这又何苦？我的一个同学"怂恿"我，是不是该去闯闯江湖看看外面的世界？我犹豫不决，内心的躁动让我在工作中变得浮躁，常常把一股莫名的怨气撒在学生身上，对学生没有什么好脸色。但我没有想到，学生回报给我的却是纯真的心灵、宽广的胸怀。他们丝毫不计较我的粗暴，在新年到来时，为我送来一张张贺卡，用稚嫩的笔触为我送来声声问候，有的写道："愿老师天天笑、月月笑、年年笑。"有的写上："你是世界上最好最好的老师，我们永远永远爱你！"有的孩子还说："祝你福如东海、寿比南山。"虽然这是一句不恰当的祝福语，却浸满了孩子那浓浓的情、深深的爱。面对孩子，我很惭愧，很激动，也很感动。是啊，孩子顽劣的天性为我的工作平添了几多劳苦，可他们是无心的呀！我的工作尽管业绩平平，孩子却给予了我极大的肯定。我虽然一无所有，孩子却给了我丰富的精神财富，我还祈求什么呢？我想：一支粉笔、三尺讲台、两袖清风，也许是我今生今世的精神依托。"不求人人成才，但求人人成人"，用我的爱去回报我的学生、激活我的学生，这信条定格在了我的人生坐标上。就这样，我义无反顾地继续走着教书育人这条路。

"把爱无私地奉献给我的学生"，在我从教的十三年中，既流下了许多艰辛的泪，也唱出了不少欢快的歌，使我对如何爱学生这一问题找到了自己的答案。

我记得冰心在《寄小读者》中有这么一句话："每一物都有每一物的长处，每一人都有每一人的优点。"因此我想，爱学生，就必须了解研究学生，找到每个学生的闪光点、起步点、飞跃点，因人施教，挖掘他们的潜能，让其成才。为了了解和研究学生，我除了细致耐心的观察外，还有一个重要渠道，就是班级行为评价手册。我利用评价手册每周检测学生行为，还特意为学生增设了"悄悄话"栏目，让学生把自己的心里话写出来。这样，我对学生的苦乐和哀怨、要求和愿望了如指掌，使学生的特长得到了积极的、主动的发展。学校二十多个兴趣组里，都有我班的学生。他们在绘画、书法、写作、演讲多种竞赛中获得不少荣誉，一些学习吃力的孩子因为个性发展良好，在集体中找到了自信，健康地成长着。

我认为，爱学生，除了了解他们，让其成才，还要急学生之所急，想学生之所想。在一个集体中，总有一些学生会遇到一些特殊的境遇，甚至是他们幼小的心灵难以承受的挫折与痛苦，脆弱的心需要教师特别的呵护与关爱。记得我所带的一个班级在临近小学毕业时，一位成绩优异、充满自信的学生因父亲入狱深受打击，消沉悲观，甚至不愿到学校面对同学、面对老师。得知详情后，我走访他的家庭，安慰他的家人，并耐心地开导他，在学习上积极帮助他，使他战胜了自我，找到了奋斗的勇气。这个学生毕业后，年年给我写信汇报他的学习生活。在信中，他对我说："在我最困难的时候，是您，老师，给了我胜似亲人的爱，我这一生，无论走到哪里，都无法忘却。"是啊，爱的力量是无限的。它有时会带给孩子一生的影响！学生回报你一生的真情，如果不是教师，又有谁能体验到这样的幸福呢！

爱学生，需要付出，需要为师者高尚的道德情操和人格魅力，更需要为师者扎实的知识水平与业务功底。从教十三年，我一直努力耕耘着，一方面，我努力提高自身的知识素养，经过四年苦读，完成了汉语言专业本科段的自学考试，还提高了口语能力，普通话达到一级水平；另一方面，我重视对教学科研的探索，掌握了语文课中拼音、识字、阅读、作文等各类教材教学的一般规律，注重语文学科的人文性、情感性、思想性，在"以读带讲"的课堂氛围中发展学生的语文能力，形成了特有的节目主持人式的教学风格。为了让自己成为一专多能的教师，我还在劳动课、思品课的教学上大胆探索，先后承担了十多项科研课题。

爱的万花筒千变万化，我无法一一道来，但爱的付出，终会有回报。我对教学不懈的探索，对教育事业执着的追求似乎"小荷已露尖尖角"。我所带的班级被重庆市教委命名为"红岩中队"，我个人也被重庆市人民政府授予"优秀教师"称号，参加省、市级思想品德赛课均荣获一等奖，教改科研成果获奖达四十多项。由于教学业绩突出，2001 年，我开始担任实验小学副校长，分管教学科研，这对我而言是莫大的鼓舞与鞭策，让我深感肩负的重任。"把爱无私地奉献给我的学生"将使我面对更宏大的事业，面临新的挑战，我丝毫不敢懈怠。努力学习校务管理理论，并结合学校实际，大胆推行"二三二"的教学管理模式，开展形式多样的"六课"活动。我身先士卒，亲临教学第一线，与教师共同研究教材，为教师上示范课，深入课堂听课达三百多节，指导教师参加各级各类竞赛活动，获奖近二十人。2002 年，学校科研课题

“四结合”实验报送成果参加五年一度的年会评比。为抓好这件事，我领导课题组成员克服机房不足、资源短缺等困难，想尽一切办法收集制作课件需要的素材，连续一个月加班，甚至通宵达旦，最终使学校的科研成果在此次年会上获得了两个二等奖。

在十三年的教育教学中，我付出了青春，付出了汗水，但我收获了事业发展的喜悦，我从心底感到：教育事业确实是一项美妙的事业。能把一批批学生培养出来，的确是贡献国家，造福桑梓。教育事业的发展任重而道远，但只要我们付出永恒的爱，执着追求，就必然达到“众里寻她千百度，蓦然回首，那人却在灯火阑珊处”的美好境界！

第三章
慧心办学中理解教育真知

校长是什么？每个人对它的理解不同，定位不同，追求也不同。有的主动选择，也有的被动成为。而我，从没有想过会当校长，但人生的很多经历却偏偏难以预料。也许因为骨子里没有摒弃寻求教育真实的信念，也许从本质上看，个人终究是理想主义者，一腔执念。2012年，带着合作者，在锦绣白手起家，在没有一把扫把、一本记录的情况下，开始了一段创业之路，其间的辛酸苦乐刻骨铭心。但也正是这样一段人生经历，让我看到了更美好的教育风景。

写在锦绣的《办学宣言》

有很多文字，总是在一定的场景下，因为有了情感冲动才会产生。来到锦绣小学，内心怀揣着办学的教育理想，也强烈渴望着可以在这片土地上，将二十年对教育真理的认知去进一步践行与升华。于是，从接手的第一天起，总是不断地琢磨，我们将要办成的是一所什么样的学校，这里的老师与学生应该是什么样的状态，也希望用简洁有力的语言将我们内心的愿景表达出来。非常欣慰的是，这个过程得到了何静思老师的帮助，与她有过四五次的沟通，才算合作完成了我们想要在办学之初就向社会、向家长、向老师们传递的愿景：

古府巴渝，地灵人杰，今得政府解民之所急，托长安地产不吝重金立庠以泽桑梓。

是园也，绿意葱茏，惠风和畅，是为儿童乐园亦为学园。

是师也，深思慎为，殚精竭虑，以学生之终身发展和一生幸福为己任，使从善、知和、敏学为训，以心育人，同心力绘锦绣！

书香传世，美育人格，博雅淡定，教学共进。如育师，则育名师，创大师；如育生，则育优生，贯终身。

极目教育之广大，复归于实践，看师生谦谦，其乐融融，学者大成，教者大就，则教育之大义跃然立现！

践行陶行知思想

社会的发展,文化的进步,不断冲击着素质教育的革新与创造。在这样一个充满机遇与挑战的时代,锦绣教育要致力于每一个孩子禀赋的发挥、个性的舒展和生命的绽放,就必须深入研究和认识教育的本质与规律。

陶行知说:“教育是心心相印的活动,唯有从心底发出,才能抵达内心深处。”杜威说:“教师对学生的关注不应在学科本身,而应在学生心灵。”从这个意义上讲,教育即科学。教育首先应当尊重理解儿童,掌握儿童心理认知及发展的科学规律。具备儿童心理学的科学常识是一切教育活动的起点。儿童的心理体验、感受应当成为每一个锦绣人思考教育行为的出发点与归宿点,儿童立场、儿童视角,是每一个锦绣人必备的教育内功。因材施教、有教无类、循序渐进,是教育必须遵守的科学。

陶行知说:“唯有学而不厌的先生才能教出学而不厌的学生。”“要学生做的事,教职员躬亲共做;要学生守的规则,教职员躬亲共守。”从这个意义上讲,教育即影响,锦绣人对教育行为方式的选择,折射出个体背后的教育价值观,并汇聚成校园无形的阳光、空气、水分和土壤,教师教育文化视野的广度决定校园的温度。不同场合,不同地方,一切有影响的因素都是教育,一切有目的的影响都是教育,因此,言传身教,潜移默化,是每一个锦绣人需要信守的教育法则。

陶行知指出:“教学做是一件事,不是三件事。”“我们要活的书,不要死的书;要动的书,不要静的书;要用的书,不要读的书;要以生活为中心的教学做指导，不要以文字为中心的教科书。”从这个意义上看，教育即实践，真正有价值的教育，绝不能拘泥于教室，禁锢于讲台。建立以生活为中心的大课程观，坚持以调动儿童手脑并用、多元感官参与的学习观，才是最有效的教育。做中学，做中教，是每一个锦绣人坚持的教育行为。

创造适合孩子的教育，创办社会认可的学校。坚持这样的教育追求，锦绣人将以不懈的努力，走在探索与研究的教育路上。

不可忘却的2012年

人生,有很多变迁都不是在预先的安排与设计中。从1991年走上教育岗位以来,按部就班教书育人,也没有想到过会去创建一所学校,但2012年,在内心经历了太多的挣扎与波动后,我走出了这一步。这是我人生颇具转折意义的一步。

3月,妇女节将要临近,我和小游走到了这片正在忙碌中的工地上。教学楼被围网遮蔽,操场还是一片狼藉,新的工作就从这里开始了。

从两路来到龙溪,对我们两个不会驾车的人来说,面对的第一个困难就是交通问题。偏偏运气这么好,工程部经理竟然住在两路开元,第一天看了学校,交通问题也就迎刃而解了。半年下来,我们在搭车的同时沟通工作,留下很多路途中的笑料。

对长期只会教书的人来讲,筹建学校是一项全新的工作,因为我们都没有管理过学校的后勤。接手后,连续好几个晚上,我们从工地回到实验小学做的一件事情就是学习用CAD软件研究图纸。只有了解了学校设计的基本架构,结合自己的使用规划,做好功能分布,才能推进建设。

到长安地产公司后,我们有了一间临时办公室,朋友在周末帮我们做了简单布置。3月12日,我和游雷宇副校长来到筹备组开始正式办公了。好多工作接踵而至,对建校的人来说,修建学校除了照图施工外,基本没有一个标准与方向。我们的到来,使他们的建设有了一个方向,那就是知晓我们的需求,并尽可能满足。也正因如此,我们提出了一个又一个要求:增加教室给排水功能，打掉已砌好的讲台，拆掉已安装的弱电，调整部分功能室隔墙，多功能厅、多媒体室地面铺PVC，大厅要装玻璃地弹门，装修两间舞蹈教室，将原定地面环氧地坪更换为花岗石和通体砖，做好实验室水源电源的预留预埋，按要求装修厨房，餐厅地砖更换为条形小砖，安装教室功能室黑板，安装操场体育器材，安装体育馆照明……一一回忆起来，实在太多太多。3月，4月，我们都在不断跟公司交涉。很多事情，也一步步得到了解决。也是在这段时间里，我们学会了写商洽函，越写越自如，不过对方基本没有复函。

室内建设还在推进中，外墙涂漆的工作也开始了。因为要重报规划，工程师想趁此帮我们调出更好的色调，周末也在加班，然而我们最终还是没有选用他调出的色块与样式。那一段时间，外墙要着色，天公不作美，雨水不断，大家的心里都慌着工期。安门、安窗也在这一阵子同步推进着。

室外的建设需要启动，为了少一些重复建设的浪费，把教育规划提前做进室外建设当中，我们没有少花心思，一次次请来做园林景观的人帮我们设计，但提交设计方案必须付高昂的设计费用。单单一个校门的设计，就要两万设计费，我们无力承担，也不想如此，只能靠自己了。我们去了龙头寺公园，去了四川美院，去了兄弟学校，从网上搜寻样品，截图拼凑，费尽周折，最终把室外建设分为三大块：同心广场、开心运动场、爱心农场。思路确定后，各项工作开始推进了：储备老师开始选择爱心农场地刻文字，我们与长安公司交涉爱心农场的绿化、道路、水池，同心广场的校门、文化景观，运动场的旗台、旗杆、厕所，以及塑胶操场施工单位的选择……在我们有了基本方案后，公司安排了一位设计师，工程部也专门就室外建设开了会，大家都在努力。没有专业人员参与设计的筹建工作，也只能如此了。

学校建设还在忙碌推进，物资招标也要进行。空调、厨具、窗帘、家具、信息化，五个采购包，数百种产品，要考虑采购方案的科学有效，要询价，要定样，还要编写标书。物资采购完成后，招生工作也要进行，我们开始做学校对外宣传的桁架、宣传材料，编写新生手册，学校的办学理念也在这段时间再次深化。开学前夕，教师培训，物资调配，课程安排，临时工招聘，筹备庆典，一件接一件，好几个晚上，我们都是十二点才回家。

时光在忙碌中不知不觉地流过，看到美丽的锦绣校园，每天生活其中，心里总有难言的踏实与愉悦。在建设过程中，为最大限度地争取利益，与长安人针锋相对的僵持，胡搅蛮缠的迂回，贴标签、登门槛心理学战术的使用……在今天，全都成了茶余饭后笑谈回味的佐料，而真正存留于心的，还是对长安公司的感激：感谢那些理解和支持学校建设的企业领导，姚总、穆总、刘总；感谢那些为学校建设付出辛勤劳动的人，赵经理、高经理、佘工、罗工、刘真、小李、杨雄、邓南洪……

感激帮扶着我从这个艰辛的过程中走过来的人；感谢那些帮助着我、关心着我的长辈、领导、家人、朋友；感谢那些大半年里与我奋斗在一起的同仁们……

一所新起步的学校，需要各部分人员的磨合，需要重新建立与学校发展相适应的规范与制度，需要不断形成可持续发展的运转格局。一学期下来，各项工作渐渐明晰有序了，我也在不知不觉中感受着这段经历带给自己的变化：境界的变化，内心力量的变化，思维方式的变化，工作状态的变化……

2012，我的2012，让我一生不可忘却的2012！

锦绣风骨

在逐步完成学校可持续发展的规范建设后，学校管理的重心转移到对教师团队专业水平的提升上。为此，无论是和谐团队评比规则，还是教师的专业阅读、学术发展，我们都相继提出了一系列措施。“新政”出台，必然听到来自基层的各种不同声音。这些声音带给我两种感觉，当它是站在学校发展的立场，就各种措施是否适应团队发展提出争鸣时，我感受到的是关怀、理解、真诚、信任，一切谏言如同一面镜子，映照出我们的措施是否与学校的可持续发展相适应。我们倍加珍惜这些可爱的、真实的声音。然而，当它是站在为放纵个人惰性的立场释放的牢骚时，我们内心更多的是一份隐忧。牢骚的背后更多的是消极、抵触、隔阂，倘若不能有效解决，势必出现心理学中的“贴标签效应”，最终弥漫开来，涣散军心，在不知不觉中削减团队的战斗力。

正当我在为开展团队心理引导寻找出路时，一封家长投诉信放在了我的手上。投诉的问题很简单，不过是一桩在校园里再普通不过的事例，我们都没有必要去争论家长是否对教育有研究、教育观念正确与否。然而，如果能最大限度地挖掘这封信件对我们的诫勉作用，这一冲突才具有积极意义。阅读来信，我与老师们讨论了三个问题：第一，今天的锦绣小学在哪里？第二，锦绣小学将要去向哪里？为什么我们要向着那样的方向前行？意义何在？第三，我们应当如何前往我们想去的地方？几个问题讲完，解决团队发展“瓶颈”、家长投诉都从中寻到了答案。

起步中的锦绣小学必须尽善尽美地做好细节,“用百分之百的热情解决百分之一的问题”不是一句空谈。只有将任何投诉都转化成完善自我的动力,我们才会有一种开放包容的心态去面对发展过程中遇到的种种挑战与责难。

起步中的锦绣小学前景如何,关系到团队中每个人的利益,个人福利,子女入学,教师职称,都绑在学校发展的大船上。这艘船要稳步航行,必须有一股凝聚在一起的刚毅坚卓的战斗力共同助推它的行进。

锦绣小学的未来,有太多的不确定性,但是,今天我们可以确定的是,锦绣小学的首批开拓者会有这样的担当,这,也许就是锦绣小学今天所需要的风骨!

专访

我这种随性而淡定、骨髓深处还藏着清高的人，是不喜欢与媒体打交道的，就更不想理会那些所谓的专访了！当我以一种不屑与抵触的姿态拒绝媒体时，小游的坚持与争取让我不得不做出反省：今日的我，已不是当年的我，我的决断影响着一所学校的发展，我担当的是一群教师的命运！我不敢妄为，只能正襟危坐，煞有介事，完成专访！

专访直面课堂。也恰恰是今日的专访，让我再次感受到从一线磨炼出深厚专业功底的尊严，也让我在这样的对话中去静心梳理在锦绣小学引领教师们提升课堂质量的诸多实践！

我从数据入手，谈起了课堂：孩子们每天来到学校，有 6 节课，一周 30 节课，一学期便是 600 节课，小学 6 年，孩子们不知不觉上过 7200 节课。作为管理者，我需要看到的是在这 7200 节课里，孩子的成长在哪里？那又是一种有着什么质量的成长？

无论是课前的备课，还是课后的作业跟进，质量检测都以课堂为圆心。课堂，必定成为学校抓办学质量的主阵地！打造卓越课堂也必然是我们的选择。提升课堂的品质，我们推进四大举措：一是思想引领，重塑职业价值；二是办学理念，统整课堂行为；三是管理改革，推进课堂研究；四是文化育德，提升课堂品质。

一次对话，一次思考；一次交流，一次提炼。当我重新整理近段时间所开展的教育实践与研究后，猛然间感觉到我一切情怀的落脚点还是在伴我走过这些日子的锦绣教师身上。不管课堂是一种什么样的景致，作为校长，我内心最大的满足还是锦绣学校的教师们在这里获得了最真实的、有质量的职业感受。

中国的教育发展至今天，我们摒弃了许多传统的观念，教师的幸福观也在悄然发生着多元的变化。与很多种社会职业相比，对于那些老老实实、端端正正从教的人来说，其付出与收益是远远不能成正比的。教师职业终究是讲良心的职业，这一点，是最坚固的传统，一直没改变过的。而且在这样一个人口大国，在未来很长的时日里，都不太可能改变。我没有能耐给这些本着良心兢兢业业从教的同行们相应的报酬，什么也给不了，即便给予，也实在可怜。但我内心最大的满足，还是听到教师们说，他们在这里找到了成长的快乐，找到了做教师的尊严。我只能给予他们更多精神上的关怀，让他们在适度的压力中过上有品质的教育人生。也只有当教师们真正实现这样的状态，孩子的课堂才必然精彩，正所谓：只有教师的天天成长，方有学生的课课进步！

让我坚持这样的情结，努力寻找做教师的大智慧，与同行们并肩前行吧！

第二次访谈

总有人在关注着我们对卓越课堂的建设。

我得面对记者的第二次访谈。这次，有了经验，多了一份自信、沉稳与淡定。

访谈前，记者深入一线听了一堂语文课，真的很好。这是一个很有潜力的年轻教师上的课，课堂行为彰显的以生为本、以学定教如此真实，让我已不用向记者讲什么了。我只需告诉记者，一切正如你今天在课堂上所见，孩子学得生动，学有所获。课堂给访谈留下了足够的底气！

从课堂延展而出，记者想给报道找出更多看点。于是，访谈深入到“亮点”。近些时日，在引领教师建功课堂的实践中，可以捕捉的亮点实在太多，一一讲述下来，记者都很认同。她虽然不是教师，但已为人母，在家也会教育孩子。当她感觉到我们一切行为的落脚点都在于真正践行“为锦绣人生奠基”的办学宗旨时，彼此的沟通变得轻松自如。我也更加坚定地认为，要保持这份质朴与纯真，也许在未来很长的时日里，需要我和锦绣学校的教师们摒弃尘俗与世故，努力坚守教育的真谛！

每一次交流，都是一次更高层次的思考。我更加清楚自己在做什么，想要的是什么。访谈结束时，我告诉记者，学校今年抓课堂，明年建课程。课堂研究分三个阶段：低段研究各学科素养的习惯细节，中段研究建设小组有效的合作学习，高段推进小初衔接的潜力提升。一番表白，让眼前的路径渐渐清晰起来，明亮起来。

教育研究对我而言,一直有着独特的吸引力。锦绣小学给了我一方新的热土,唤醒了我封存的记忆与灵感!

曾几何时,我还在为自己的选择犹犹豫豫。而今却在不知不觉中,内心已充满热爱与期待。我只能感激那些给我勇气与力量做出选择的朋友们!这一步,让我的生命收获了另一种状态!让我更阳光,更快乐,更坚强,更自信!但决不可忘记谦逊与感恩!

顿悟

曾经有很长一段时间，我对老校长推行的韵语教学实验都是排斥的。1997 年，在送走了我的第一批学生后，老校长安排我接手韵语教学实验，我拒绝了。我的理由是不喜欢韵语实验教材里那些没有半点文采的韵文。这些韵文除了作为识字教学的载体，引导学生完成识字任务外，对孩子的母语启蒙没有任何意义。更何况走入中高段后，这个实验所使用的教材也并不精致。作为语文教师，我喜欢让孩子浸润在那些文质皆美的经典美文中。当年，也一定让她倍感失望了。

这些教育观念上的争鸣虽然已过去多年，但是当我今天走上校长岗位时，随着教育管理与研究的深入，我一天天感到自己当初的固执未必正确。站在校长岗位上，视角有了很大变化。无论是作为教师还是作为业务领导，过去我更多的是从“教”的感受与方法角度去进行选择与判断，但是今天，作为校长，在引导教师们改变课堂教学行为的同时，我更多地期待看到教师的教育行为改变后带给学生良好的成长状态，学生的成长状态成为一切问题的出发点与归宿点。正是因为这种视角的变化，我才越来越感受到，尽管韵语识字教材没有实现文质皆美，但是，它是按照帮助学生实现语文学习“以做为先”的理念来编写的。让学生提前大量识字的背后，更多的是丰富的阅读活动。教师的课堂操作变得非常简单：识字课除了定位识字、移位识字等多种形式的识字教学外，基本没有讲解分析。阅读教学除了整体阅读、完成分步阅读任务外，基本没有对文本的肢解。作文教学是以阅读为基础，给了一套系统的写作方法，学生在仿写中实现对写作方法的内化。老校长一次次地告诉我，她在丹东实验小学看到了学生作文的精彩，她对韵语教学实验的选择是因为亲眼目睹这个实验下学生的出色表现。但当年的我真的没有听进去，因为我没有能力去理解这些教育实验背后的教育思想。

我很高兴在今天顿悟到了韵语教学实验的精髓。正是这样的顿悟，让我近段时间内心总有着难以言表的喜悦。我终究还是一个喜欢做教育研究与实践的人，就让我在这条道上心平气和地慢慢欣赏一路风景吧！

分享赛课

累了好长一段时间，今天终于完成了语文老师的赛课。指导静思赛课，与曹玲的音乐赛课有太多的不一样。她是一个从没有上过公开课的新教师，而语文是大学科，强手如林，这个过程就有了更多的压力。

这是一段很艰辛的过程，从《一只贝》《景阳冈》到《慈母情深》，反反复复地讨论内容的选定；从王崧舟到一节初中的课例，再到《小学语文教师》的阅读，反反复复地对比同行的思维；从是否拿掉课题上代表略读文的星号，到是否需要学生概括主要内容；从是否告诉学生细节描写的写作知识，到是否补充原著中的环境描写；从课堂中每句话的重音停顿，到举手投足；从本校四年级的学生，到借用人民小学的学生，团队围绕这个需要变革的语用课堂，在纠结中艰难地行进着。很多点滴，需要留存。

郝勇、封主任在参加第一次试讲观课后，指出人文目标应定位于读出了一个怎样的母亲，使课堂有了一条统领的主线；也是这一团队，在第一次加班议课的过程中，确定了要将教学的语用点定位于细节描写与反复手法；是静思，找到了学生语用呈现的方式，写出了一首有文学色彩的课堂中需要师生合作完成的诗歌；是封主任，找到了作家在多年后写给母亲的真情告白，并一次又一次带着摄像机与静思奔向人民小学开展试讲；是吉燕，是一年级的同伴们，在静思最繁忙的时候，默默地管理着她的学生；是游游，帮着我们调整好了需要上交的教案的最终稿；是童校，帮忙做出了与时代特点相吻合的课件；是邱邱，在静思上场前，为她设计出了从女汉子到优雅美女的形象转型……太多太多的细节，留存于心的是感谢与温暖，我为有这样的团队而幸福着。

今天的语文课堂呈现出了应有的精彩。与片区赛课时我们的担心、顾虑相比，今天的静思有了气定神闲，也多了胸有成竹。课堂有大气，也有理性；有学生最真实的成长，更有教师深厚专业功底的彰显。市教科院的专家给予我们极高的评价，无论说我们敢吃螃蟹也罢，还是说我们改革的力度已超越全国小学语文赛课的水准也好，那一刻，我们有一份付出后的成就与欣慰，而更多的还是想要与团队去好好分享这份属于所有同心同德、共谋发展的锦绣人的喜悦。冲出渝北赛区，更高的目标需要我们更真诚地研究课堂。我很愿意，也很喜欢与大家在路上快乐同行。

改变思维定式

定式思维，对人的干扰太大。

走上工作岗位的第一天，老校长就指导我抓好常规。于是，每学期的开学，那个规范学生上课、下课、课前准备、晨检、出操、路队、集会的校园一日常规，就成为孩子们必背的内容。孩子们背完后，校长带队抽查学生的背诵，然后，接下来很长的时间，便会不断地进行行为训练与巩固。不知不觉，走过了20年，这些校园常规也深深地刻在我的记忆里，也成为我今天在锦绣小学抓常规的最初范本。也许过于熟悉，也就不再思考它当与不当、好与不好、是否适合时代的发展了。

看了一些教育大师办学的思想，看了一些学校对学生的塑造定位，也看到锦绣小学的孩子在常规发展中的“瓶颈”，我有些怀疑了。这个固化在我大脑中的思维定式，是否在影响着我对教育本质的思考与研究？昨天，校委会上，我提出自己的思考后，大家的发言让我觉得必须做更多的思考了。这个固化的常规管理模式，是不是更多地从服务学校与教育者需要的角度在管理儿童？如果我们可以更多地从个人发展的角度去思考，我们想要给儿童一个什么样的文化环境？我们又应该让儿童形成什么样的一生受用的气象呢？目标与定位变了，那些固化的思维是否也应该变一变？在变的过程中，又如何在继承传统与改革创新中找到平衡？一系列问题，需要用很长的时间去思考、去寻找。

感谢有你

认识牟牟，纯属巧合。

因为需要站在更高的视角来思考学校文化建设的规划，我们在筹建时去了四川美术学院，参观大学的校园。也正是这次参观让我们突发灵感，想到了吸纳川美学生共同完成学校文化建设的规划。于是，我们设法找到了川美学生会成员的电话。牟牟就是其中的一位，她是我与川美学生联系的第三个通话人。因为忙于毕业考试，牟牟拒绝了与我们合作设计学校文化建设规划的要求。偏偏是这个电话，我多问了两句，问她找到了工作没有，问她是否想过当老师。没想到她倍感兴趣，就这样，这个女孩多次来到了我们的筹备组。经过不断的沟通与了解后，她以临聘教师的身份走入了锦绣小学。

一年来，牟牟和锦绣小学融合在一起。我们都期待她通过教师招考，成为这里的在编教师，然而，生活却在这时跟我们开了玩笑。艺术设计专业去年可以参加考试，但是今年的招考简章中，美术学却没有包含此专业。虽然在网上报了名，但在正式审核时，牟牟没有获得考试资格。

在无奈和叹惜中，我收到了牟牟的短信。这是一段值得永远珍藏的文字："亲爱的邹校，谢谢这几天你跟游校长的帮忙，害你们一起着急上火担心，牟牟不好意思极了。虽然错过这次机会有些可惜，但听说下半年还有渝北区的教师招聘考试。趁这几月好好复习看书，下次能抓住机会的话，事情也不太坏。也许牟牟还能边锻炼边看书，下次见面你们能看到一个更好的牟牟。谢谢你们一直以来对牟牟的照顾，牟牟很爱锦绣小学，也很爱你们。下次见面，牟牟一定要给你们一个大大的拥抱。谢谢你，邹校，牟牟会继续加油的！”

未来有太多的不确定，让我无法预想她的将来，但她的短信，却让我的内心充满温暖与感动。牟牟承受着难言的失落，却懂得设身处地地为他人着想。她遭遇了猝不及防的挫折，却懂得自我化解，去寻求新的机会。她的善良、坚强、豁达、勤奋，让我有理由相信，命运不会亏待她。

牟牟的这段经历，让我想起林清玄的一段哲言：在不确定中生活的人，能比较经得起生活的考验，会锻炼出一颗独立自主的心。在不确定中，深化了对环境的感受与情感的感知，就能学会把很少的养分转化为巨大的能量，努力生长。

牟牟的这段经历，让我看到牟牟的身后有一位优秀的母亲。她对女儿的教育很成功，这也在很大程度上启迪了我对女儿教育的思考。在应试教育背景下，女儿的生活基本被学业与分数包裹，生活体验的残缺，必将导致情感的匮乏。在未来的不确定中，她会有牟牟这样的内在素养与心理品质，懂得化解生活中遭遇的挫折与失意吗？懂得设身处地地为他人着想吗？

牟牟的故事，无疑成为我启发女儿的最好素材。牟牟的经历，会成为我女儿最好的榜样。感谢牟牟，带给我这样一段美好的感受！

挂职粪路小学

2012年9月，我来到了锦绣小学，步入教育人生的转折点。尽管有过20多年的教育经历，尽管在业务管理的岗位上摸索了12年，但当自己真正走上学校主要负责人的岗位，开始独立创办一所学校时，却发现校长的综合素养与水平，不仅影响自己的职业感受与工作体验，更在一定程度上影响着一群教师的职业感受与价值判断，制约着一所学校的起步与发展。学习，对于转折期的我而言是必需的功课。

我很幸运，在锦绣小学的起步阶段，有一支同心同德、共谋发展的团队。经过一年的筹建与思考后，今天的锦绣小学确立了鲜明的办学思想，构建了可行的管理机制，形成了稳定的课堂文化，确立了初步的德育思路。这些基础工作能推进锦绣小学的常态工作，但如何建立更清晰的育人目标？如何遵循教育规律，实现对人的塑造与培养？如何独辟蹊径，办出自己的学校特色？这是我们在很长一段时间里，都必须面对且慎重对待的问题。

在我们对学校中长期规划进行论证与修订时，渝北区教委的领导给了我一次难得的学习机会，到上海粪路小学挂职学习一个月。这段时间的脱岗学习，意义不同一般。对锦绣小学来讲，一方面是一种检验，可以考验学校已建立的管理体制、管理文化，在校长离开的时间里是否可以常态运行；另一方面，我们在借鉴优秀学校的成功发展经验中，反思自我，对五年规划做出正确的修改与调整。所以，我们很感谢区教委领导对锦绣小学的重视，对我个人发展的关怀。

虽然在出行前就已知道龚路中心小学地处浦东郊区，但当我第一天进入这所学校时，发现其外部氛围，与我曾去过的谢家湾小学、北京实验二小、人大附小、史家小学等众多名校相去甚远，内心还是有一种淡淡的失望与怀疑。但一个月下来，目睹该校教师队伍蓬勃向上的敬业状态，感受到干部队伍对学校文化发自内心的认同与维护，了解到龚路小学从一所农村薄弱学校发展成浦东新区名校长培训基地的历程，我只能说，虽然龚路小学的地理环境没有城市的热闹与喧嚣，虽然龚路小学在一定程度上还少了城市学校的品位与高雅，但龚路小学现有的软实力，却是今天很多城市学校无法与之相比的。正如蔡校长所讲："龚路小学是不可复制的。"蔡校长励精图治，用二十年时间改变一所农村学校的背后，是他的教育智慧，更是他的人生智慧。

一、自然决定应然，解决价值归一

龚路小学在发展过程中经历了四个阶段：稳定中求发展、特色中求发展、全面中求发展、卓越中求发展。为了尽快扬名，龚路小学在发展的第二阶段，曾掀起了创办篮球特色学校的高潮。在很长一段时间里，学校班班有篮球队，人人有篮球项目。这种急功近利的行为，让学校在短期内一跃成为上海名副其实的篮球特色学校，在很大程度上提升了学校的知名度，提振了学校师生的自信。但今天，对这个曾经引以为豪的举措，蔡校长却进行了尖锐的自我批评："在实践中，我们感到有的孩子没有这方面的兴趣和天赋。这样不顾孩子兴趣和能力的做法，其实是不道德的、不人本的，这是对孩子的一种强暴。这种创特色学校的功利的行为，是对孩子的不尊重，这种残忍的做法是一种教育暴力行为，是将学生沦为了为学校争名逐利的工具，学校不应该只追求学生为学校争光、得荣誉，而应该更多地追求学校为学生服务，为每一个孩子服务。"年过半百的蔡校长，在今天去掉浮华与功利后，站在一名老教育工作者的立场，本着对孩子的真爱，对教育的良知，深度反思教育行为后，很明确地提出了自己特立独行的教学智慧："没有特色就是特色。”返璞归真的教育价值观，让今天的龚路小学喊响了一句话：“创造适合学生的教育。”学校将管理的重心转移到课堂改革与课程建设上。16 字的课堂文化，98 个校本课程活动组，14 个共建教育的签约实践基地，成为龚路小学的一道亮丽风景。

回归自然，追寻教育本真。积淀了 30 年的教育观念，蔡校长的办学智慧也启发了我对今天的锦绣小学办学价值的定位。刚刚起步的锦绣小学如何寻找到正确的方向，办出社会认同的教育，既倍受关注，又争鸣不断。有的人提出抓好媒体做好宣传，有的人提出抓出特色打出亮点，有的人提出搞好关系协调进步。如果说之前我的内心还有几分盲从与迷茫，那么，龚小一个月的学习，让我更清晰也更坚定了学校发展的价值归属：一切为了孩子，实实在在抓好课程。以课程为据点，才能真正把所有人统一到教育事业的发展中来；以课程为据点，才能建设一支精于业务的师资队伍；以课程为据点，才会形成一套质量发展的管理体制；以课程为据点，才会有造就办学影响力的基石。无为而治，静待花开，这也许正是学校管理的大智慧。

二、常态决定动态，彰显管理水平

龚小一月的学习中，我曾跟随蔡校长去过两所学校：一所是地处南汇的农村小学；一所是地处浦西的城市小学。两次活动后，蔡校长很坦率地交流了他对两所学校的感受：那所农村学校没有希望，学校的教师一盘散沙；而那所城市小学玩着花架子，管理水平太差，搞个外事活动，诸多细节都是乱七八糟的。蔡校长一针见血的点评，使我不得不对照在龚小一个月来让我感触颇深的所见所闻：

3 月 30 日，来到龚小的第一天，后勤主任将我带到学校提供给挂职学习人员的临时宿舍。房间陈设是简单的标准间规格，本已感叹学校的周到，不想进入房间后，从毛巾、拖鞋到牙膏、香皂、洗衣粉，一切生活用品一应俱全。

4 月 9 日，参加了学校与 10 个共建基地学校的签约活动。会标的布置、座位的摆放、媒体的演播、桌面的水果、资料的发放、流程的安排、发言的质量，每一个节点，都细致周到而紧凑。

4 月 12 日，参加学校行政会。会上分管信息工作的负责人提到与“长三角”三所学校的对接工作，蔡校长特意对交通、用餐、住宿、参观学校、签约活动等若干细节向相关人员进行了询问。

一个月里，龚路小学的研究活动、学生活动、外事活动接连不断。很多场景，无法一一赘述。在很多人的眼里，这么多的活动在一定程度上会增加学校的工作负担，打乱学校的正常秩序。但龚路人从不认为这是负担，他们已经从中体验到了外事活动带给学校的积极价值。这些活动在给予学校师生平台的同时，也在一定程度上促进了他们的自我完善与更新。这种“助人者擅自助”的胸襟与胆识，这种“化外为内”的智慧与气魄，让学校不断积淀着可持续发展的正能量。

意识的先行，让龚小有了处变不惊的姿态。而这种处变不惊的姿态中，我更加欣赏领导团队的境界。正如学校季书记所讲：“校长要走在队伍的前面，把握队伍前进的方向，还要调控队伍前进的速度。”“做副手的，要做好绿叶，做绿叶得知道红花是什么。一个潜心办学的校长是红花，校长想办好的学校是红花，学校是为学生发展服务的，学生是红花。”质朴的话语，透出教育者高尚的人格，也深深感动着我。是蔡校长走在队伍前列，以“预则立，不预则废”的眼界，形成了团队谋划深、考虑周、管理细的常态作风；是领导团队以求真务实，真抓实干，形成团队间接纳包容、相互支持、抱团前行的作风；是教师群体以主人翁的自觉，让每一个深入龚小的人感受到敬业乐业、热情友好的作风。常态的作风，铸就了龚路人群体战斗力的不凡，也必然拥有以不变应万变的能力。

这一切，都是今天的锦绣小学在发展的第一阶段所必须追求的。

三、简单应对复杂，捍卫尊严底线

社会总在进步中，但也永远是在矛盾中前进，这是不变的真理。学校作为一个基层群体，在发展的过程中，也自然会面对各种各样纷繁复杂的矛盾：干群矛盾、学生矛盾、教师矛盾、家校矛盾……校长在面对矛盾时，如果没有经过适度、适当的处理，事与愿违的尴尬总是难以避免的。用什么方法将各类矛盾化解为助推学校发展的积极因素，这是我走上校长岗位后，一直感到很困难的课题。

蔡校长引领龚路小学发展的20多年中，在每一个阶段都遭遇到各种类型的矛盾。善于审时度势，是他对自己成功办学的总结。目睹他对两个典型案例的处理后，也更加能感悟到蔡校长"审时度势"的大境界。

4月1日，龚小西校区一位三年级学生早晨上学后，背上书包离开了学校。学校相关人员立刻行动，在第一时间寻找学生。蔡校长知道事情后，在提前思考了如何应对司法部门与媒体的同时，也与当事教师、孩子家长进行了沟通，一方面了解孩子出走的原因，另一方面安抚家长，承诺尽全力寻找孩子。他提出孩子找到后，不可以再批评他，先让事态淡化，事后如果孩子因为这个事情，感到难以回原校、原班，他同意孩子换校区、换班级。所幸下午找到了孩子，家长在对学校的做法高度认可的同时，向学校、老师深表歉意，甚至给学校写来感谢信，感谢在孩子出现问题的过程中，学校全心为孩子的真诚做法。事已平息，且结果良性，本以为可以画上圆满句号，但在4月12日的行政会上，蔡校长对西校区的管理干部点名批评。下午的全体教师会上，蔡校长向教师宣读家长的感谢信后，并没有表扬老师们处理得及时、尽责，却毫不留情地对发生这一问题的相关责任人提出了批评。这样的公开、透明、不留情面，实在出乎我的意料。事后，我找到了西校区的负责人，向她问起了对这件事的看法。我以为她会向我流露自己的委屈，但她很平静地说，这个事情她自己是有责任的，蔡校长的做法，有利于她对其他的责任人进行教育。龚路小学从来赏罚分明，这个事情，一点不影响她在教师中的威信，在校长心中的地位。如果校长不这么做，会让别人认为他不公正。一席话，让我倍加敬重他们的文化与心态的开放。

4月12日，学校又收到一封投诉信，投诉教师有偿家教的行为。这是市场经济背景下，各个学校都存在的不好解决的难题。校长在全校教师会上申明:“凡是有偿补课的人员,今天晚上,让你补最后一次,明天开始,不允许任何人再补,所收的钱,一律退掉,希望你不要心存侥幸,不要挑战学校,不要挑战政府,不要为难校长。对此,我坚决封杀。我们大家在一起共事,都是兄弟姐妹。你如果缺钱花,生活不好过,你来找我,我有钱,我可以给你。你来找学校,学校可以解决你的衣食困难。如果你不收手,我奉陪到底。千万不要只要组织照顾,不要组织纪律。如果你新购了家教课桌,现在不准搞了,你认为投资没有收回,你来找学校,由学校将你的课桌椅回购了。”整个会场鸦雀无声。

这些无奈的琐事,是学校管理中冲击常规的插曲,却无法回避。其处理的结果,会在很大程度上影响学校团队的心态。人上一百,形形色色,每个人的成长背景不同、文化观念不同、价值选择不同,增加了学校管理的难度。蔡校长讲过,处理好“情、理、法”三者的关系,也讲过处理好“无知、糊涂、蛮横、示弱”的技巧,然而,在这些“剪不断,理还乱”的琐事中,蔡校长“复杂事,简单做”,大刀阔斧,化繁为简。在快刀斩乱麻的胆识中,我看到的是团队已有的直面真实、直面问题、“当面锣对面鼓”的舆论氛围与民主品质,更看到校长的一腔正气、校长的教育真诚、校长的以身作则、校长的率先垂范、校长的与人为善、校长的仗义执言、校长的铁面无私……

一个月的挂职学习很快结束了,感谢蔡校长与他的团队带给我的思考,更感谢龚路小学带给锦绣人的觉醒与进步:于自然、常态、简单中寻找教育的大智慧、大境界,寻找精神品质的自我超越。我要在“平心静气”“博雅淡定”中,快乐、自由、奔放地走在教育的路上,领略这一路的风景,做最好的自己。

换个角度去审视

虽然我尝试着对备课的切入方式进行改革已有很长时间,但在实际操作的过程中,总会不知不觉地被拉回原有的思路与模式中。前段时间,帮助教师完成《慈母情深》的课堂设计时,我曾感觉对课文的教学设计比较明确地关注到了学生的语用,但最终课堂实践后,我们都不太满意。因为我们发现,在赛课现场的特定氛围下,虽然我们希望教师处于主导地位,但此刻的教师已在不知不觉中成为演绎教案的主体,完全占据了学生的空间。一堂有教师的个性张扬而无学生的精彩表现的课,绝不会是好课。我们在批评教师没有更多地退出讲台时,很草率地将原因归结于教师大赛经验不足。

近日,当我们重新去审视这一课的教学时,有了更多对课堂有效性的思考,有了更多对学生学习行为的思考,有了更多设法让教师更好地退出讲台的思考。这一系列的思考才让我发现,当时的设计中,我们又被带到了从教师视角去思考课堂的路径中。我们更多地考虑如何让老师的讲解更加流畅,而没有从孩子的视角研究他们会如何学习。所以,也难怪教师占据了讲台,我们也就没有理由去责怪教师不把时间、空间还给学生了。教师的问题也一定是我们指导者的问题。

再次研究教学,我们对课堂设计的思路和模式做了根本性变革。这一次,我们不再去质疑教科书的编者为什么将原著描写工厂环境的段落删减了,我们也不再为不能很好地把握带星号的略读文体的教学特点而忐忑了。新的设计带到课堂上,教师感觉轻松了许多,学生的状态也呈现出更多的主动与精彩。

磨出这一课后，我们对今天小语教学大力倡导的挖掘文本的工具价值，着力于学生语用能力的培养倍感认同。曾一度被质疑的语文学科的专业性，现在已越发清晰了，但要彻底改变那些已经习惯于分析内容的广大语文教师的课堂教学方式，将是一个极其漫长且困难的过程。一方面，教师自身的读写内功、文学造诣不容乐观；另一方面，教师课堂教学技术操作水平的滞后是更大的瓶颈。路很长，但很欣慰的是，方向清楚了，慢慢行走吧。

家长开放日

家长开放日顺利举行。

在这个过程中，我们总会不断有所收获。

经得起开放的学校才会有优质的教育。作为一个想要诚心办教育的人，我乐于将团队置于这样的境地去推进各项工作。也许我们能力有限，也许我们精力不足，无法做到尽善尽美，但“以心育人”只需开放我们的胸襟，以接纳、反思去对待每一天的开始与结束，我们就活在真实之中。也正是这样的开放与真诚，我感受到了家长的友好、认同与欣慰。这一切，对于锦绣小学是莫大的鼓舞。

化外为内，家长不是外人，他们是自己人。呈现给家长的，是锦绣人的教育良知、教育情怀。即便在这个过程中，我们还有很多需要不断完善与自我超越的不足之处，家长也会与我们走在一起。因为教育总是千变万化，是一个永远无法完美解答的世界难题，但孩子永远是我们共同的未来、我们共同的事业。

家长会，一个半小时的主题演讲，于我是一次挑战，但我乐于接受。因为只有将自己逼上这样的平台，才会用心思考这一年来锦绣人在教育上所做出的一切探索与研究，才会在更大程度上厘清办学思路，统一办学行为。从价值归一到人才目标，从学校课程到家校合作，许多零碎的模糊的思考，最终被整理清晰。在现场，家长的专注聆听与热烈掌声，让我重温了曾在教师时代呈现优质课堂的成就感。也许正是这样的精神满足，让我乐此不疲地与同伴们走在锦绣小学的办学路上。虽然学校的困难很多,虽然我们很辛苦,但我们总有自己的快乐。

团队的氛围很好,开放日后的报道经过了三次修改,出自几个人的手笔。从简单的事件叙述,上升到一种办学思想的解读,我感觉到了锦绣小学文化品质的提升。我很赞赏这篇有教育内涵的报道,也很感慨我们的变化。走过一年的时光,我的同伴,我的老师们,在悄然变化着。锦绣教师的课堂行为,锦绣教师的教育思想,锦绣教师的文化认同,与刚刚开学时有了很多不一样。

清晨的阳光,照在窗前,温暖,柔和。

教育是温暖的事业

教育是什么呢？苏格拉底说，教育不是灌输，而是点燃火焰。他的学生柏拉图说，教育非它，乃心灵转换。归根结底，教育是影响儿童精神成长、温暖儿童心灵的事业。教育就是要用全部的心灵让儿童温暖地成长。

用智慧启迪智慧，用激情点燃激情，用爱心浇灌爱心，用温暖传递温暖，这就是教育的追求。我们期待每一位教师拥有这样的情怀：做一个内心温暖的人。这不只是一种教育理念，更是一种美好的社会信念。我们也不只是在推行自己的教育理念，而且是在推行一种美好的社会信念。

陶行知先生曾经说过这样一段耐人寻味的话："寻常人以为办学是一事，改造社会又是一事，他们说：'办学已经够忙了，还有余力去改造社会吗？'他们不知道学校办得得法便是改造社会。没有功夫改造社会便是没有功夫办学。办学和改造社会是一件事，不是两件事。改造社会而不从办学入手，便不能改造人的内心；不能改造人的内心，便不能彻骨地改造社会。反过来说，办学而不包含社会改造的使命，便是没有目的，没有意义，没有生气。所以教育就是社会改造，教师就是社会改造的领导者。"陶行知先生的这段话，时刻提醒着我们：教育是改造社会的途径，教师就是最有机会给儿童温暖生活的"领导者"。

什么是温暖的生活呢？我们可以将其定义为充满爱、尊重、理解、信任和宽容的生活；是发自内心地把每一个孩子都当作有自由思想、独立人格之人的生活；是没有惩罚、没有欺骗、没有龌龊，干净、纯粹、真实的生活。

其实,教育不是“选择”,而是“栽培”。教育应该是一个洋溢温暖、注足温馨、充满温情的过程。让每一个儿童成人,让众多孩子成才;让每一个儿童合格,让更多孩子优秀,让每一个人成为最好的自己,这才是温暖的教育。

有这样一则寓言:南风与北风打赌,看谁能让行人把大衣脱掉。北风想:这次我一定能赢。于是,北风施展威风,气温骤降。行人把大衣裹得紧紧的,以抵御北风的侵袭,任凭北风怎么吹,行人只把大衣越裹越紧。北风终于败下阵来。而南风则不同,它徐徐地吹,暖暖地吹,行人觉得温暖,于是解开衣扣,脱掉大衣来享受这和煦的春风。

这则故事告诉我们一个深刻的道理:亲切的语言、耐心的态度、真诚的关怀比责骂与惩罚要好得多。这就是“暖教育”的魅力。

教育是温暖人心的事业。温暖似火,融化坚冰;温暖似水,润泽万物;温暖似光,驱散黑暗。教育是饱含激情的书写。凡称得上教育的东西,绝对不能缺少温度,不能缺少人性需要的精神温度,不能缺少让孩子心灵富足的精神温度。

教育是一门温暖的功课。温暖自己,温暖儿童。它就像小火煨汤,精心熬制,慢慢炖煮,最后,那种特有的香气就会弥漫在你的生命周遭、贯穿你的生命全程。一名有理想的教师,应该是有温度的教师,应该具有强烈的愿景、温暖的情怀。做一个温暖心灵、点亮人生的教师,才是最幸福的。

教育就是用温情去感应儿童的存在,就是用饱满的情感和积极的态度去感染儿童的心灵,让儿童内心撒满阳光的社会活动。教育有时就像品一杯香茗,入口清淡却回味悠长,浮躁的心田会因此宁静如丝,冰冷的世界会因此温暖如春。因为单纯,教育是真诚的;因为享受,教育是幸福的;因为用心,教育是智慧的;因为爱在于心,教育是温暖的。

养鱼贵在养水,养花贵在养土,而教育则贵在温暖人心。怀揣着对教育的崇敬和真情,做一个内心温暖的人吧,带着阳光行走,温暖别人,快乐自己!

你可以接受吗？

当面锣，对面鼓

在龚路小学挂职的一个月，我曾目睹蔡校长对西校区学生出走事件的处理。对蔡校长在行政会和全校教师会上对西校区行政负责人不留情面的批评颇感诧异，但后来问及当事人对此事的感受时，她的回答更让我无言以对："校长的批评合情理，是我自己有责任。校长如果不批评，会让别人认为校长处事不公，校长批评后，更利于我对其他责任人进行教育。"

我由衷佩服蔡校长营造的深入人心的民主氛围，这种直面直实、直面问题的态度，让我看到了教师心理品质的开放与胸襟的开阔。

揭短式评课

昨天，我与长沙考察团的人员一起参加了龚路小学的教研活动。

一节不太成功的语文课后，教研组在所有与会者面前展示了他们常态教研揭短式评课的氛围。"与人相处看长处，学术争鸣揭短处。"在学校倡导的这种价值选择下，教师们的现场研讨基本是一针见血地指出问题。

但热烈的争论后，我却留下两个困惑：教师们都对课堂的不足做了各自的评说，可上课的老师如果第二次上课，她知道从哪里入手开始改进吗？揭短的意义何在？仅仅是体现一种敢于直面问题的心理品质，敢于暴露真实心态的开放吗？

有谁可以真正走进这位执教教师的内心，了解她在今天上课、教研后内心的真实感受呢？

经历昨日的场景，我想到了家长开放日后，锦绣老师们与我的观念上的一些分歧。我们在一心关注学生的同时，是否有对教师心理的忽视？

师之所欲，常系我心。民主、开放，固然是最好的团队氛围，但它一定有自己的节奏和尺度，需要我们审时度势。

盘点2013，我的锦绣教育之旅

本早应动笔记下2013年我在锦绣小学办教育的点点滴滴，但近日总被一些繁杂事务缠绕，迟迟动不了笔。闲暇之余，也因身心懒散，不愿动笔。今日提笔，略写一二。

时间很快，在锦绣小学，我总感觉还有好多的事没有完成，却已在不知不觉中度过了自己独立办学的第二个年头。很感谢这个平台，给了我认识社会与自我的更广阔的视角；也很感谢，无论是欢乐还是忧伤，身边总有一群同心同德的人去共同面对一切问题与挑战。盘点一年来在锦绣小学的生活，很快乐也很充实。我与一群志同道合的教育人，饱含着对教育本真的敬畏与真诚，用最大的、最持久的热情，去实践着我们对教育的理解与认识。

一年来，内心依然充满温暖与力量。正如大家所说，这是一个正能量十足的团队，我不敢对一年的成果妄加断言，只能记下这一年来让我略感欣慰的发展。

在办学初期规划的改革与创新管理机构设置的路径下，无论是以“服务”为主体的机构，还是以“发展”为主体的机构，职责愈加明确，事务推进的流程更加清楚。以六部门二十一条路径为格局的基本管理体制已初步形成，为日后的规范管理与高效发展奠定了良好的基础。

办学初期形成的围绕办学理念与中心工作，以课题研究为载体推进学校发展的思路开始向更深层次发展。构建以专业发展为核心的科研型学校、学习型群体的氛围日趋浓厚，各类学术成果开始呈点状方式散布在校园的各项课程中。两节区级赛课获得一等奖，已在一定程度上推进了阅读课堂对语用能力培养的研究;音乐赛课将打开学校研究课堂合唱教学策略的思路;入库的识字课例,无疑为日后一年级识字课的教学开局提供了极好的范例。氛围一旦形成,我们就不断集结零散的成果,它们必将为日后学校完成综合性教学成果报告提供第一手的素材。

走过一年后,“为锦绣人生奠基”的办学宗旨更加鲜明。一切工作从学生的视角出发去思考,让校园成为孩子们渴望的充满丰富经验积累与情感体验的场所,这些理念已在更大范围内浸润着学校教师的内心。理念落地生根的实施路径表现在课程发展的方方面面,在这一过程中,我们渐渐摒弃了一些繁琐的细节,思路更加清晰。国家课程质量在提升中,校本课程研发已有了雏形。课程活动精彩纷呈,艺术社团建设起步。锦绣小学第一年招收的学生,大多是来自各所学校的转学生。很多孩子初入学时,摸底检测仅有六十来分的水平,但一年后,大多数学生的成绩已达到九十多分。他们在各类活动中展现出表达、理解、交流能力的显著变化。我没有理由不为他们高兴,没有理由不为锦绣团队的教育同伴们欣慰。作为有着教育信仰的一线实践者,也更没有理由不去坚持为孩子终身发展奠基的教育理念了。每一个孩子都有不可估量的未来。未来的锦绣小学,永远属于我们钟爱的孩子。

这一年,锦绣小学还迎来了十五位新成员。他们的到来,为团队注入了更多的生机,也给团队注入了更坚实的正能量。我喜欢那些刚从大学走入社会的“90后”的教师,他们的纯真,善良,对学校管理的理解与支持,都让我的内心充满欣慰与感动。我总会从他们身上看到二十多年前自己刚入教育之道的影子。带着单纯与忐忑走上社会之路,工作的第一站,会直接影响他们的社会价值观的形成和对教育职业的认识。我感谢步入社会时所遇到的第一任领导。当我和这些“90后”的年轻人成为工作同伴、成为上下级时,我才更加理解了当年的领导对自己的那份期待与喜爱。于是,我更加渴望,我们的锦绣小学,能迎来更多的年轻人,让他们与锦绣小学一起成长,才会有锦绣明天的希望。未来的时间,我会更加重视激活他们对教育的热情,启发他们对教育研究的兴趣。

情在左，爱在右

半个月过去了，锦绣小学的心理辅导活动落下了帷幕。

我最终还是坚持让老师先做尝试与摸索后，再请专家来指导。今天下午，这个计划已久的讲座终于举办了。听了宋教授的讲座，受益匪浅。我相信这样的引领，于我们所有的人来说，无论是对学校教育的思考与认识，还是对家庭教育的反思与调整，都会更加成熟，更加明确，更加清晰。

我们很快乐，我们也很从容。因为我们在向着一个正确的方向，充满梦想与热情，做着一份可爱的事业。

做到这个阶段，我们已经没有必要用成功与否去评判团队成员所呈现的每一次辅导活动了，因为我们已经看到这个研究方向带给学校长远发展的积极意义。我们在悄无声息中感受着变化：心理辅导的技术与艺术在变化，对儿童理解与关怀的真诚在变化，为师者职业心态在变化，团队成员间对有效沟通的认识在变化、对学校办学思想的认同度在变化。这一系列的变化，是每一个投身于心理辅导活动的团队成员铸就的，让我不得不为此充满热爱与感谢。我愿意与在心理辅导活动中获得成功的老师分享他们的研究，也愿意与在心理辅导活动中感受到困惑的老师共同面对疑问，更愿意与大家一起走在自我更新与超越的路上。

因为我很快乐。

我的办学感悟

会前接到上级领导安排发言的通知，内心有很多的惶恐与忐忑。一方面，今天的会场有高中、初中、小学、幼儿园的校长和园长，有正、副职领导。面对多元的对象，选择什么话题交流是很考究也是很困难的。另一方面，我从去年3月接受组织安排，参加长安锦绣小学的筹建工作，到2012年9月，学校启动首批学生的招生工作，作为主持学校全面工作的负责人，在这个岗位上我仅有一年的历程。与在座的各位比，我当校长的资历实在年轻，谈不上有什么经过实践验证值得推广的经验与大家分享。讲什么，的确让我倍感纠结。鲁迅先生曾说："只有最真实的东西，才能真正打动人心。"我想，今天在这半个小时的时间里，我就将我与锦绣团队这一年的教育生活原滋原味地呈现给大家，谈谈这一年来，我做校长的感悟与体会，希望得到在座各位领导、各位校长的指导。

一、找准角色定位

我是1991年从江北师范学校毕业分配到渝北实验小学任教的。2000年，我成为这所学校分管教学的副校长。作为主管教学的副职，在很长一段时间里，我总喜欢用清华附小著名特级教师窦桂梅的一句话来激励自己："我不想走在你的前面领导你，也不想走在你的身后跟随你，我希望与你并肩走在一起，共同前行于教育的道路上。"2012年，我经历了人生的一次大转折。当我与游雷宇作为筹建组成员，共同完成筹建后，迎来了锦绣小学的首批师生。我们的角色也在无形中开始变化了。应该说,新校开学的很长一段时间里,我一度认为,作为校长,以身作则、身先士卒、率先垂范是首要的,自己应该成为教师实践的先行者、业务的引路人。因为视野的局限,此时的我没有真正适应角色的转化,很长一段时间,我都被繁杂的事务困扰着。其间,有领导告诉我:"不能将自己局限于具体事务中,要尽快让自己从教学副校长的角色中走出来,站在更高的层面上思考一所学校的发展。"也有领导说:"不可以事无巨细,要学会培养下面的中层,越不放心,他们就越无法独立自主担当工作。"领导中肯的话语是真诚的关怀与帮助,但我是从业务管理的岗位中走出来的,教学是学校的中心工作。作为校长,我应该怎么定位中心工作与全局工作的关系,很长一段时间,我依然处于疑惑之中。

我很感谢渝北区教委领导给了我一个月赴上海龚路中心小学挂职学习的机会,很多问题,在这里找到了答案。龚路中心小学是地处上海浦东最东面的一所中心小学,蔡忠铭用 20 年的时间,励精图治,实现了将一所农村薄弱学校发展为上海名校长培训基地的华丽转身。这个过程,蕴藏着太多的办学智慧与方法。蔡校长说:"做校长说难也难,说不难也不难,无非是抓好行政领导力与课程领导力。"与他搭档 20 年的季志娴书记讲道:"校长最重要的是做好角色定位,一所学校就如同前行的队列,校长一定是站在队列的最前面,他要决定队列行进的方向、行进的方式,调控队列行进的速度。校长必须站到更高的平台,进行全方位的思考,进行正确的决策。"这一个月的挂职,让我实实在在看到了蔡校长如何站在队列前面实施行政领导与课程领导,也让我反思自己的办学实践。

我深深地意识到:只有校长的定位正确了,不越位、不缺位、不错位,才能让所有的中层更快地找到他们在队列中所站的位置,才能调控队伍前进的方式,让队伍的前行更有秩序、更有章法、更有效率;只有校长找准自己的定位,更全面地认识学校所处的阶段,调整前进的速度,才能最大限度地避免因个人主观愿望而一意孤行地冒进,更理智地审时度势,调控队列前行的速度;只有当校长能站在更高层面认识行政领导与课程领导的内涵,才能制定统一队列前行的步调与思想的办学规划，统一队伍前进的方向。

经过这样的思想蜕变后，锦绣团队制订了五年办学规划。从规范办学、创新管理、师资建设、课程建构、科研推进、环境优化、成果积淀七个方面，定位了未来五年将要达成的目标与实施的措施，让我们的办学节奏更清晰，步伐更从容。

二、创新机构设置

学校传统的内部机构设置，将管理机构设为教导处、德育处、科研处、后勤处。但随着教育改革的发展，很多学校都在内部机构设置上进行了大胆的探索。我曾在巴蜀小学看到其吸纳企业管理模式，设置了“课程研发部”、“人才研发部”、“信息研发部”等，强调机构的研发功能；也曾在北京学习时，听到首都师大附小的校长将自己学校的内部机构设置为“课程服务处”、“学生服务处”、“资产服务部”，强调服务职能；在龚路中心小学，蔡校长弱化了副校长的职能，将学校机构设置为直接对校长负责的 13 条线，这种方式极大地调动了中层工作的积极性。

学习了众多学校的机构设置办法，我认为，一切外部的经验都不可以直接复制，只能在运用中去理解它、发展它，形成自己的东西，才是最有效的学习。管理机构如何设置，在一定程度上体现了校长对教育的理解与认识，对教育改革的勇气与胆识。经过深度思考与反复修改后，锦绣小学建立了以“服务育人、发展育人”为核心理念的内部管理机构。

以服务育人为本，我们设立了四个职能机构：群团服务中心、党政服务中心、后勤服务中心、安保服务中心；以发展育人为本，我们根据“两课两主体”的发展观，设立课研发展中心（含课程、课堂、课题管理）、教师发展中心和学生发展中心。

避免了对传统机构设置的直接套用，新的机构设置是否可以良性运转，我们还在尝试与摸索中。今年暑假，锦绣小学以学校的机构设置为基础，完成了党群服务、行政服务、后勤服务、课程发展、教师发展、学生发展、办学档案的建设与整理。管理手册的编写上，我们发挥档案工作、管理手册编写工作在学校管理中的特殊作用，推进管理团队的发展，也进一步论证了学校机构设置的可行性，奠定了可持续发展的基础。

三、确立办学思想

苏霍姆林斯基曾说："校长对学校的领导，首先是教育思想的领导，其次才是行政领导。"在锦绣小学不断提炼与完善办学思想的过程中，我深深体会到，校长不是教育理论的创造者，在更大程度上，他应该是教育思想的实践者。广泛阅读古今中外教育思想家的理论，借鉴兄弟学校的办学经验，并将它们内化为自己的思想，运用于实践，是确立办学思想的必然途径。办学思想的最终定位，在很大程度上取决于校长个人的文化背景、人生阅历、教育观念、价值选择。我们曾研究过北京光明小学和北京史家小学的办学思想，但更喜欢北京实验二小"以心育人"的办学思想，因为它源于教育，服务于教育，去繁存简，返璞归真，带给我们思维方式的启发。

锦绣小学确立"以心育人"的办学思想，从认知层面上讲，是源于对陶行知教育思想的认同。陶行知曾提出："教育是心心相印的活动，唯有从心底发出，才能抵达内心深处。"我们认为教师的敬业心、责任心、博爱心是学校发展的基础，全体教师应以"从善、知和、敏学"为训，去面对每一天的工作，引导培养每一个孩子。从实践层面上讲，我们认同教育家杜威的教育思想："教师对儿童的关注不应停留于学科本身，而应是儿童的心灵。""以心育人"的办学思想要求教师在践行中，能以儿童心理发展规律与认知规律为切入点，探寻适合开发每一个孩子潜能的教育方法。

建立"以心育人"的办学思想，要实现对教师的领导，就必须让这一思想统率学校方方面面的工作，并得到全体教师的认同。这是一个必需的价值归一的过程。

一方面，学校建立了"以心育人"的办学实践文化体系。将人的隐性心智模式作为办学的切入点，提出"同心育童心，童星绘锦绣"的理念，着力于在这一层面打造"尊重、唤醒、激励"的管理文化。将人的显性生命状态作为办学的落脚点，提出“心锦绣、人锦绣、家锦绣”的美好愿景，着力形成教师、学生、家长各层面的团队文化，以“开放办学、创新管理、特色课程、生态课堂、多元评价”实施操作系统为着力点，打造“师能育生能、能事成能人”的行为文化。

另一方面，为了将学校“以心育人”的办学思想真正内化并指导教师的教育教学实践，我们植根于科研，推进办学思想与实践的结合。我们申报了两项区级课题：其一，“润泽心灵”的课堂实践策略研究。此课题以美国缅因州的国家训练实验室研究出的儿童心理认知学习金字塔为背景，以陶行知“教学做合一”的教育思想为支撑，提出“做中学、做中教”的课堂改革核心价值观，变革教师的教，旨在培养教师的四种能力：紧扣课标解读教材、贴近学生设计活动、发现障碍有效跟随、关注细节反思调整；变革学生的学，旨在达成四种目标：美育人格、培养习惯、优化方法、积累知识。其二，“以心唤心”课程育德实践策略研究。以多元智能理论和马斯洛心理认知理论为背景，以“讲台无边界、校园即课堂、生活皆教育”的大课程观为支撑，从儿童的体验与立场出发，将校园生活的点滴细节赋予教育的内涵与价值，努力寻找故事养心、训练谨心、活动励心、环境润心的适合儿童心理认知特点的德育新方法。

随着两项课题的成功申报与开题，锦绣小学的首批教师成为研究人员，参与了课题的论证与实施，都在不同程度上实现了他们对学校办学思想的认同。育人即育心，在今天已成为锦绣教师们教育行为的价值归属。

四、关注生存质量

在锦绣小学起步的初期，我们曾将办学的目标定位于“创办影响全市的优质名校”，但随着办学工作的不断推进，我们总感觉，这句话在我们的潜意识里已越来越模糊。在锦绣生活的每一天，作为校长，我的内心不是关注学校走了多远、发展了多少。当每一天迎着教师的微笑，听到学生的亲切呼唤时，我的内心更想知道他们生活在锦绣校园，最真切的感受是什么。他们在这里收获了什么？成长了多少？没有他们的快乐感、归属感，学校的一切发展都不可能实现。办学的目标在不知不觉中变为了这样三个方面：教师幸福、孩子快乐、社会认可。师生的校园生活质量成为我们的永恒追求。

我们强调关注教师个人在学校生活中的体验与感受。在这一过程中，我们有过很多的困惑：教师张扬的个性与集体规则的抵触；部分教师与学校要求不适应，如何对其自信心与成就感进行呵护。在这些矛盾中，我们认为教师真正意义上的幸福感来自他的精神世界所获得的尊严感与成就感。因此，我们更加强调学校的主流文化。一是营造开放、民主、和谐的团队氛围，给予教师安全感、信任感，在“当面锣，对面鼓”的氛围中听到真实的声音，教师在这样的环境中，感受到了尊重与认同，团队归属感不断强化，工作主动性不断增强。二是教师之间努力营造学术为尊、合作为尊的组织氛围。形式多样的教师培训，丰富多彩的学术交流活动，带给教师的不仅是教育观念上的更新，更是团队沟通意识的改变，让他们找到了工作中的成就与自信。一年来，我最深刻的感受是，管理者的真诚是基础，持之以恒的循循善诱是保障。

关注学生的生存质量，一方面，要从儿童视角、儿童立场、儿童体验出发，开展丰富多样的活动；另一方面，要以专业与真诚努力化外为内，让家长成为教育的同盟。

在锦绣校园里，每一天的教育生活都是充实而忙碌的，也充满快乐与成就。一年里，无论从思想上、方法上还是精神上，我都得到了很多领导、同仁、朋友的关心、帮助与支持，也得到了锦绣团队的理解、尊重、包容、支持。这一切，让我的内心充满温暖与力量。让我借这个机会，向大家表达我最真诚的感谢。

教育是科学，是哲学，但今天，我以为它更是人学。我们是在育人的过程中，不断实现着自育，积淀着人生的智慧与顿悟。锦绣小学的办学刚刚起步，我与锦绣团队还将继续行走在教育的路上，领略这一路的风景，去积淀属于我们的两大支柱：科学精神与人文情怀。用这两大支柱，去写好大写的“人”字。

旧的人，慢的人

智慧教室，一个全新的事物，因为台湾鸿基公司的赞助，这个项目进入了锦绣。我们也开始尝试让孩子带着平板电脑进入课堂，并为全区提供了一次课堂研究的现场会。在现场作课前，我们计划提供一节数学计算课。那些原本在传统课堂上三分钟就可以完成的口算，因为需要用平板电脑去操作，学生要么在平板电脑上填写后再发到教师的终端进行评定，要么在纸面填写完成后拍成照片传入终端进行调阅展示。整个过程，要么因为硬件故障无法流畅执行，要么因为学生对操作不熟而干扰了学习。总之，按传统课堂十分钟可以完成的事情，在智慧教室里却用了足足半个小时。我们只好中止了数学课堂进入智慧教室的尝试。

我们又考虑了人文学科，将在传统课堂上经过了充分打磨的一节成熟的健康课植入了智慧教室，演绎为学生在网络环境下的学习场景。那些传统课堂里需要教师统一播放的资源，被提前放入了学生平板电脑上的学习资料夹中。学生进入课堂前，可以有一个翻转，课堂中的学习不再从零开始。这似乎给了我们每个教师在课前制作微课，从而让课堂获得解放的伊甸园。

经历了这样一个过程，脑中不由得想到了一个人——何克抗，一位用毕生精力致力于用信息媒体改革传统课堂的大学教授。1995 年，在实验小学跟大家一起参与“小学语文四结合”实验时，他就是总课题的专家。那时，他便提出了信息技术融入传统课堂的理想境界，但因为资金短缺，人力不足，教授的很多想法终究难以落地。但他始终不言放弃，为此付出了一生的努力，令人敬仰。

不知不觉，二十年过去了，资金、设备都不再是问题，教育媒体技术在日新月异的时代变革中，也发生着翻天覆地的变化，我们似乎有条件去实现何教授当年的理想了。但与锦绣的老师们经历了这一次智慧教室运用的现场研究后，能否继续往下做呢？这是我必须面对的问题。时代尽管天天在变，高速的社会进展中，一方面，我们似乎还没有能力去对传统教学模式培养出来的教师群体的观念与行为进行转化；另一方面，电子阅读也不可能取代传统纸质阅读，课堂中人与人的交互不可能被人机交互取代。在这样的条件下，信息技术与学科是选择整合，还是选择辅助？

尽管我们看到微课开发适合于翻转课堂的推进，但是，做出有质量的微课是多么庞大的工程！有多少微课适用于每一个教师，每一类群体？今天，全国各地如火如荼地推进一师一课堂、一师一优课，力图从下而上，集结一大批优课，从而形成翻转课堂的前期素材。两年下来，电子库里收录了数万课例，可是我们也得问问自己，上传的课例有多少是经过了精心打磨与深度研究的？又有多少人能够通过观摩这些课例，去实现专业成长？又有多少课例资源能够成为翻转微课？如果一师一优课都无法作用于这个项目，其推进的意义与价值又在哪里呢？与其在技术被广泛运用的今天，不经思考、不加选择地盲从，不如静一静、等一等，留下更多的时间去研读教材。因为课堂不应该属于技术，而应更多属于人性！

尽管我敬重以何克抗教授为代表的信息技术专家为教育技术更新做出的不懈努力，但面对锦绣小学的现状，我想，我依然选择做一个慢的人、旧的人。

又是一年开学季

2015年9月,我开启了在锦绣的第四个年头。没想到,刚到开学,代兵校长便与笃信小学的任斌校长进行交流互换。而此刻的校园,已达到26个班,上千名学生。规模的扩张,人员的调配,新学年伊始的节点,整个九月,我们几乎都是奔跑的节奏:着眼行政管理与课程研发;完成年度行事历的编写;推进管理格局由条线型向条块型转换;建构学月、学期、学年三位一体的考评制度;完成新学年职称评定,修订职称评定方案;后勤管理若干风险防控流程图的补充绘制;地质模型安装、风采栏更新、电梯采购、信息设备的维护;新学期课程的安排;温馨教室的建设;新教师亮相课及后续培训安排;主题阅读读写联动课例研讨活动;新学生行规训练及儿童礼系列教材研讨;《习惯养成手册》的使用推进;精品课辅活动、年级课辅活动、社团组织人员选拔及组队建设;少先队大队干部人员竞选……

回顾一月的工作,我惊叹于奔跑的效率。锦绣团队的凝聚力与超强的正能量是一只隐形的抓手,促使置身于其中的每一个人对每项工作必须更精细、更严谨、更高效,唯恐因决策的不妥而怠慢师生,影响了发展!在这一过程中,我更加真切地理解了锦绣!一个单位,一个团队,是由一个个具体的人构成的,也是由这些人创造并决定的!只有一个团队拥有能够寻求真理的人,能够独立思考的人,能够不计利益的人,知道世界并不完美仍然不言放弃的人,我们才能说,我们为之骄傲!一个单位只有拥有这样的头脑和灵魂,才有信心让明天更加美好!

跑完九月，安顿身心，当我们完成一系列基础格局的建设后，构想即将到来的十月，我多么希望有底气实现姿态的转变，由奔跑调整为行走。唯有行走，才可以领略一路风景；唯有行走，才可以聆听内心的声音。走入十月，应该有更多的时间立足于教师研究课、学生运动会两个重点，去玩玩课堂改革、课程建构，去掉一些功利世俗的标准尺度。只想在这个过程中，少一些“文山会海”对既定节奏的冲击，可以有更多成长的惊喜、分享的快乐，可以更多一些对学术的尊崇、生命的敬畏、自我的守护……

“是令人日渐消瘦的心事，是举箸前莫名的伤悲，是记忆里一场不散的筵席，是不能饮不可饮，也要拚却的一醉。”

一直以来，我很喜欢席慕蓉的这段文字。现在想用这样的文字，形容自己对教育的执着，形容今天我在锦绣小学致力于教育改革的状态。

在这个团队里，总有一种蓬勃向上的力量陪伴我的学习与工作。我总会在每一天、每一件事中，挥洒着创造的活力与生命的激情。我很快乐地享受着这片属于自己的乐土。

二十多年来，我在教育实践的同时，开展过各种各样的教育科研。但多数科研都依赖于专家的头脑，我只是一个认真的践行者而已。行为评价研究，四结合研究，科技创新能力研究，校本教研策略研究，这些课题，留给我的都是技术层面的操作办法。或许在这一系列的实践过程中，我或多或少地收获了教育思想的成长，但因为思考能力的不足，我没有办法形成自己的研究体系。

今天的锦绣小学，给予我最大的礼物就是，在不断的实践与思考中，我终于弄清楚了教育研究的脉络，找到了教育技术主干下必需存在的根。而且，有许多的教育同盟者与我一道前行在寻根的路上。在寻找到这条路径的同时，学校打开了与高校联合的第一道屏障，让我对未来充满期待！

在研究中寻求解放

教育的乐趣在于它有无限的张力，可以源源不断地开发一个人的创造潜力。

重阳节的活动，无疑是对节日活动组织方式的一次“革命性”突破。虽然活动后，我们仍然找到了许多可以进一步深化教育实效的点，但我们必须看到，活动的变革立足于生活的细节，实现了很高的立意。它让更多的人不必再为此事辛劳了！

它使我深刻地感受到，在追求教育实效的同时，教育研究的水准是多么的重要。唯有研究，才会创造，才会最妥善地处理付出与产出之间的关系，才会让本身已被太多繁杂事务困扰着的教师更加科学地解放自己，而收获更加显著的成效！

这些时日，备课管理改革、听课方式改革的研究，都在向着这样的方向发展。让研究把做“苦力”的老师解放出来，这是一种理想、一种境界，也是必须的。老师只有从繁杂事务中走出来，走上教育研究的道路，才会真切地感受到这份职业的乐趣与意义！

离开重阳节的活动现场，走入了老师“三段两反思”的研讨课。它也需要解决同样的问题：教师研究水平如何提升？

课堂目标如何设定？定对了没有？为什么这么定？这些问题实在太关键。带着一些自己都不太清楚的目标走入课堂，我们对课堂想要实现的是什么，也就更加不明确。是完成教案，还是让学生在某些素养上获得提升，或是掌握某些知识、某些技能？学生做到了吗？他们在课堂上得到了什么？我们用了什么方法、策略、技术去实现预定目标？

日复一日，天天上课，但我们很少去完成一次有研究性的追问。也许，当我们从这样的角度去反思课堂存在的问题时，我们会发现，与优秀教师的课堂相比，也许我们四十分钟的课堂，只有十分钟的教学设计是合理的。也许我们只让学生达成了十五分钟的实效，而浪费了二十五分钟。这种浪费，最终会以两种方式去消化：一种是我们的学生在日积月累中，与其他学生之间慢慢拉出了差距；一种是我们会付出五倍六倍甚至更多的劳动，去解决课堂无效时间的损失。正所谓"课内损失课外补"，当锦绣小学加强对教学质量的监测时，教师就只能选择第二种方式了。

唯有学习，唯有研究，才会让教师慢慢走向解放！无论是我们的管理，还是教师的教学实践都如此。

这一天，还真够行！

上午开展了高质量的同课异构活动，参与其中的每一个人都有所收获，有所感悟。这次同课异构活动，让我们的课堂在教与学方式的转型上，有了更加明确的方向。它也让我们更清楚地看到，围绕各学科开展的着眼细节、提升素养的研究，将是一个长期的工程。这项研究，参与者的科学精神如何，研究实效如何，不仅取决于锦绣团队课堂观、质量观的转变，更取决于团队成员教育内功的修炼。但这项研究将直接影响和决定着锦绣学校课堂文化的形成，它在学校的发展中，有着举足轻重的作用。在这一点上，团队成员的思想得到了统一，破冰有了基础！

下午，锦绣小学举行了建校以来的第一次学生集体活动。艺体组的老师让我们很感慨，从准备训练到活动开展，他们之间相互配合，默默支持！虽然活动还有许多可以改进之处，但他们的参与，让那些对新学校充满期待的孩子在活动中获得了终生难忘的体验。孩子们庄严凝重的神情、充满激情的呼喊、有模有样的参与，都让我们分享着他们的成长与快乐，兴奋至极，实在可爱！我相信，这其中一定会有很多孩子，在长大成人后的某一天，会不经意地向别人聊起今天的情形，一定会终生不忘在锦绣学校的体育馆里入队的情形！

锦绣学校应该在以后的日子里，给孩子们的心里留下更多让他们终生难忘的记忆！这些永远不会忘却的记忆，是孩子们收获人文情怀的基础！本着这样的价值选择，我们的活动，基础是“爱”，决非“功利”。

驻足

半学期里，在植根于课堂推进教师专业素养发展的管理中，我们很欣慰地看到了教师们两个月来的变化。锦绣学校教师们的互助精神、合作意识、敬业状态，带给我很多感动。我从心底感谢他们对学校工作的理解与支持，在共谋发展的过程中建立了良好的同事情感。我必须更多地关注他们的工作感受与教育体验，因为，我需要在他们的舒展与幸福中，寻找到我办学的快乐与人生的快乐。

太多的行政管理手段用于学校，最终的结果是扼杀人的创造力。丧失创造力的最终结果，是每一个教育人都无法从教育中感受到成就与快乐。

因此，每一项管理如何把握好操作要求上的度？找到刚性制度与柔性文化引领的最佳结合，既不失个性，又不缺规矩，这个问题是否很难？如若真要建立有学术氛围的学校，下一步的很多工作我们都要尝试着做出这样的改进。管理是否可以在很多环节大胆地退一退，给一个方向性的引领，给一段足够的时间，再去发现学生的精彩？只有足够民主、开放，才能真正形成千姿百态的校园文化。

不要让他们“领养”太多的孩子。抱养的孩子怎么带，也是别人的娃，让他们产出自己的孩子，才会百般珍爱。个性的多元，教育方式的多元，孩子的精彩，才会让每一个人感受到创造“孩子”的快乐。

他们要怎样才能产出自己的孩子来呢？这需要有足够的教育积累，让自己有科学行为的底气;这需要有足够的教育热情,让自己有勇于创造的愿望。这一切,现在够不够呢？我们是不是可以去试一试？

有专业水准的教育管理,绝不仅仅是刚性制度的运用,它应该是团队成员间思维碰撞、有生命灵动的磁场。

谈谈我们的课程文化

在学校生活中，课程是教师生命绽放、学生生命成长的重要载体。对6～12岁的学生而言，在学校里，丰富多彩的课堂文化生活对他们的影响最为深远。在学生成长的黄金时期，为他们开设丰富的课程，鼓励他们根据兴趣爱好参加体育活动，或者文化知识类、科技类、艺术类的兴趣活动，社会实践活动和自主学习活动，这对于提升学生在学校生命成长的质量尤为重要。我们透过课程的架构，可以对整个学校的办学理念、教育价值取向有所了解。所以，我们在起步的第一年，紧扣“为锦绣人生奠基”这一核心价值观念，努力建构国家课程、校本课程和家庭课程，并重点规划好这三类课程在办学实践中的实施。

一、国家课程校本化

在小学阶段，国家课程占全部课程的80%，而国家课程的落脚点在课堂。瑞士教育家裴斯泰洛齐说，课堂决定着一个民族的未来。因此，我们立足课堂抓教学质量，以国家课程为载体，以课题研究为抓手，对国家课程大胆进行课堂文化的改革，推进“润心课堂建设策略研究”，把儿童心理认知规律的研究放在最突出的地位，以美国缅因州的国家训练实验室发布的对学习认知心理进行研究的学习金字塔、陶行知以“教学做”合一的思想作为指导，对教师提出符合儿童心理认知的“做中学、做中教”的核心课改思想，并基于可观察、可检测、可操作的目标设立以训练为主线、以学生学习为主体的活动设计，把准易错点、关键点、拓展点的引导设计等方面，研究各学科的课堂教法中具有共性的普遍规律，从而让国家课程的建设有章可循，“实效、灵动”成为我们对润心课堂文化永恒的追求。

二、校本课程多元化

宏观的课程是校园一切人与事的总和。我们认为，生活无处不教育，校园处处皆课堂。所以，锦绣小学一直着力于对校本课程进行深入的系统建构。

（一）基于发展，建构开放多元的课程观

无论在任何时代、任何背景下，建立学校的课程体系，都应该基于孩子的生命发展，都应该回归生活。校本课程作为课程结构的一部分，既是学科课程的必要补充，也是转变传统教育方式、构建素质教育模式的重要举措和具体实践。所以，我们以校本课程为切入口，坚持校园无处不课程、教师人人是课程，最大限度地挖掘课程、开发课程，把发生在广阔的自然、社会情境下的知识建构、情境学习、活动学习、实践学习、创新学习都纳入我们的课程中，紧扣学生发展的八大元素“身、情、韵、精、气、神、智、慧”，设置学校的特色课程体系，并分阶段逐步实施。

第一阶段以“建设与规范”为主旋律，紧扣学校的办学目标布局谋篇，建设课程，规范课程，引导教师树立正确的课程观、课堂观和学生观。

第二阶段以“研究与开拓”为主旋律，以校本课程建设为抓手，推进教师的专业化发展；具化质量目标评价体系，研究科学有效的评价方式，推进学生综合素养的发展；吸纳各类教育资源，发展学校的特色课程文化。

第三阶段以“提炼与总结”为主旋律，物化校本课程成果，并在向社会宣传与推广的过程中，进一步积淀学校的管理文化、教师文化、学生文化、课堂文化和课程文化，形成学校鲜明的办学特色。

（二）基于现状，落实普及与提高相结合的课程设置

在学校的起步阶段，我们紧扣课程的“建设与规范”，落实普及与提高相结合的课程设置。根据重庆市教委的“1＋5”和“2＋2”等相关精神，将课程辅助活动纳入课程计划。在全校普及书法、体育、艺术辅助活动，安排每周星期五下午第一节课为全校书法辅助活动，第二节课为全校体育辅助活动。其他辅助活动则分别安排在每天下午最后一节课。同时，我们在每周四下午开设选修课程，坚持尊重学生自主、教师自愿的原则，一方面，在教师中大力倡导“上好一门专业课、带好一个活动组、开好一门选修课”的发展方向；另一方面，广泛吸纳家长参与，依靠社会力量聘请外援，优化整合教师资源，充分发挥兼职教师、兼职辅导员及社会人才资源的作用，不断地充实校本课程的师资队伍。

（三）基于创新，夯实校本课程质量的管理评价

1.创新备课管理

如何将校本课程的备课和活动开展与校本教材的研发有机地结合起来，是我们一直在思考的问题。各门课程的开展要体现计划性、系统性、阶段性，就必须提前做好规划和预设。所以，我们把备课的过程变成校本教材开发的过程，要求每位教师提前计划每学期的活动内容和目标，制订每次活动的方案，并收集该课程的素材，为有效开展活动做好充分的准备。

2.创新质量评价

孩子的发展是我们课程研究、课程改革的终级追求，开展校本课程的意义也正在于此。为了提高校本课程的质量，一方面，我们根据每项活动的特点出台了《锦绣小学校本辅助活动课程质量要求》，课辅组的教师以此为导向，有计划、分阶段、分层次地训练学生，将基本技能和预期成果有机结合起来，渗透于每一次活动之中；另一方面，我们要求课程辅助活动组每学期以不同的形式向学校进行成果展示。

艺术类课辅活动以节目演出和作品布展形式汇报；自然科学类课辅活动以举办科技节、作品出成果的形式汇报；体育健身类课辅活动以举办运动会、创新校运纪录的形式汇报；语言类课辅活动以朗诵、主持、语言表演等节目形式汇报……

在这些汇报展示过程中，我们幸福地感受到孩子们快速、全面、生动的成长。

同时，以心唤心的德育课程也成为校本课程开发的一大特色和亮点。以心唤心的课程育德实施策略研究重点探究“五会”目标在学生不同年段的二维目标，建设有体系的校本课程。围绕“会做人”“会学习”设立德育目标与习惯目标，开发以“锦绣儿童礼”为主线的礼仪美韵系列教材，着眼于人的气象，践行在学生坐、立、行、穿、戴、谈的点滴细节中，开发系列仪式活动、主题班队活动，着力于道德情操培养；围绕“会生活”，开发以“生活指南”为主线的假日手册，以体验为主线的系列实践活动；围绕“会创造”“会表达”开发一年四期的体育、科技、艺术、阅读学科节，以年级为单位人人登台、分期选拔“我要上元旦”童心童秀旋转舞台、蒲公英广播站、电视台的人选，让校园课程色彩缤纷。

校内“菜单式”选修课程、学科主题节活动课程、仪式活动课程、行规管理课程、校园环境课程、校外社会实践基地课程，使多元化、系列性成为我们开发校本课程永恒的追求。

三、家庭课程指导化

家庭是孩子的港湾和出发地。家长是孩子走向成功的导师和助手，既要负责孩子的身体发育，又要负责孩子的心理发育，故家庭教育是孩子成长最重要的因素。而优秀的家长需要做好三件事情：一是培养良好的亲子关系；二是培养孩子的良好习惯；三是引导孩子学会学习。因此，我们积极开发、构建了十二期家教辅导课程，就培养孩子的良好习惯、建立良好的亲子关系、培养学生的学习能力等方面提出有针对性的建议，围绕“五会”育人目标中的“会生活”，开发以“生活指南”为主线的假日手册，开发以体验为主线的系列实践活动，对家庭一对一的教育指导产生了积极的影响。

不论校内课堂，还是校外实践课堂，学生的发展始终是我们课程研究、课程改革的终极追求。在追求的过程中，我们力求以开放的心态去提升课程赋予的生命质量！

谈谈校园暴力

锦绣小学办学至今，已走过近四年的历程。对于一所新兴学校和一个担任一把手仅四年的校长来讲，我一直以为校园暴力离我们很远。从办学的第一天起，锦绣小学就提出了“以心育人”的核心办学思想，倡导“没有爱就没有教育”，教育是心心相印的活动，是一颗心对另一颗心的唤醒与激励。几年来，我们的校园充满了师生间的温暖、同事间的鼓励，基本没有感受到校园暴力带给我们的影响与困惑。但在上周学校召开运动会的过程中，在三年级同学间发生了一件令我们震动与警惕的事件。五个孩子在运动会上自由玩耍时，将另一个孩子挟持到沙坑边，将沙子灌进面包，逼着他吃下去。幸好孩子的委屈与痛苦及时被老师发现，才没有造成更大的危害。但从这件事顺藤摸瓜，才发现五个孩子欺凌这一个孩子不只此一次，已有近半年时间。面对八九岁的孩子，我们不可能从法治的角度切入，明理与引导是关键。于是，学校德育中心牵头成立了事件的专项整治工作小组。几天下来，在处理这个事件的过程中，我们对校园暴力问题也有了一些深切的感受。

一、幼年时期接受的教育对未来有重要影响

小学阶段是孩子价值观形成的初期，这一时期，孩子的行为有很强的模仿性，但其行为不太可能造成极严重的后果，容易被忽视。如果孩子出现的问题没有引起家长和老师的高度重视，必然为他们今后的暴力行为埋下伏笔。抓早抓实，让问题解决在萌芽期，既是对社会负责，也是对孩子的终身

发展负责。因此,对儿童来说,净化他们接触的社会环境,让他们少在网络上和社会环境中受暴力行为的潜在影响很重要。

二、教师要提高处理暴力事件的意识与能力

从我校发生的这一事件来看,孩子在班里长期被欺凌,是存在一定暴力性的。但因为学生都是未成年人,老师从道德层面去认识,而没有从思想上引起高度警惕。当前教师从教的环境比较复杂,加上经验不足,对校园暴力如何界定、危害性如何、处理方法是什么,在认识上是存在缺失的,需要专业人员从认知、方法上对教师加以引导和帮助。

三、学校要用制度推进心理咨询室的建设

在暴力事件中成为主角的孩子,多数是因为缺少家庭的关怀,缺少正确的教育与引导,或多或少地存在一些心理阴影。对他们来说,除了班主任的教育引导外,如果有专业的心理咨询师从心理层面进行干预,对转化其行为、帮助其成长更加有利。我校从建校开始,一直希望建立一个专业的心理咨询室,但学校教师没有心理咨询师的资格证,学校也没有从事这一工作的专业师资条件。如果向社会招聘,我们作为一所新建学校,在语、数、外、音、体、美等基础课程中的人力指标都还不足,还需要向社会临时聘用大量教师以解决师资不足的问题,没有空缺编制来完成心理咨询师的引进。没有专业的机构,对孩子出现的问题,学校老师也只能更多地从经验层面加以解决了。

四、父母是导致孩子存在暴力行为的关键

我们了解了这起校园欺凌事件的几个主要责任人的家庭。五个孩子中的主谋,其父母是聋哑人,孩子长期由爷爷抚养,缺少有效的教育。有三个孩子是进城务工人员的子女,父母长年劳作在外,基本没有时间过问孩子的情况。另一位孩子的父母,对孩子很尽心,但整个过程中,他们片面地怀疑孩子在接受学校教育的过程中受到了负面影响,一再强调孩子是软弱的,要

求学校给他时间。他们不知道，对一些问题的教育时机稍纵即逝。家长的溺爱非常明显。家长的不当教育导致孩子在网络上受到暴力事件的影响，产生了极端心理。虽然其责任主体不在校园，但校园却肩负处理这个事件的全部责任。在与家长的沟通中，如果没有专业的法治读本或者第三方专业机构对家长进行引导，让家长认识到事件的危害性，仅家长与学校双方对话，很难达成共识。如果有关于校园暴力与家庭教育的专业辅导读本，对于家校合作处理这个问题会更有帮助。

五、法治课程需要有更加完善的体系

杜绝学生的校园暴力事件，加强认知是重要前提。学校需要为学生开好、上好法治课。但打开课程设置，按照国家的课程计划，是没有单设法治课的，法治教育课往往整合在思想品德课之中。这样的整合，节省了时间，减少了头绪，但需要学校落实的是要清楚地编写法治进课堂的纲要。至少有一个清楚的纲要，让我们知道小学阶段学生的法治课堂要完成哪些内容，达到什么样的目标，安排多少课时，放在什么年段，让学校的法治教育有章可循，有据可依，有本可检。其次，在建立法治课程时，我们需要为学生设置法治教育的校外实践，或校外辅导员进校园。但校外有哪些适合小学生的法治教育专业实践基地呢？这些基地针对哪个年段的学生，帮助他们建立什么认知？在没有清楚地考证这一切的可行性时，我们又如何敢组织孩子参与法治教育校外实践。再次，请法治辅导员进校园，是对教师法治专业知识不足的补充，但进入校园的法治辅导员，没有经过儿童教学法的培训，教学方式单一，讲述内容远离孩子的实际。法治辅导员进了校园，实效也不突出。对此，我们需要相关机构专门组织法治辅导的专业队伍，针对不同年段的学生，开发孩子乐于接受、教学形式丰富多样的生动的法治课程，满足学校对法治教育进校园的需求。

总之，校园暴力涉及法治，这绝不是学校作为教育主体可以单方面去解决的，需要有更加完备的社会教育体系的建设。

以心育人　静待花开

2013年，锦绣小学由全体转学生组成的首支合唱团载誉归来。全体师生齐聚操场，聆听他们的歌声。每位合唱团的孩子得到了一份特别的奖品——配有他们心语的演出照片。奖品发到孩子的手中，从他们的眼里，我们读到感动、惊喜、坚定……

今年3月，《重庆日报》、《重庆时报》、《家长报》报道了锦绣小学迎新年开学的画面，装扮成美洋洋、喜洋洋的老师们用特别的爱心红包迎接回家的孩子……

每一次，当我与同仁们谈起校园文化时，心里总会流过这些温暖的细节。我以为，一个办学者最大的功德莫过于努力让教育回归人性本真，用文化为师生营造一座精神的家园。乘着渝北教育"文化兴校"的东风，锦绣小学自2012年开办以来，一直致力于"以心育人"思想下的校园文化探索与实践。

一、把准"灵魂"　真心办学

王明阳说："思想的力量是无穷的。"思想是文化的根本、精髓和灵魂，是校园里每一个生命成长最为重要的磁场。因此，根据陶行知的教育思想和杜威的教育思想，遵循源于教育、服务于教育、去繁存简、返璞归真的思维方式，我们确立了"以心育人"的办学思想，建立了"以心育人"的校园文化实践体系，将人的隐性心智模式作为办学的切入点，提出"同心绘锦绣"的文化主题，将人的显性生命状态作为办学的归宿，提出“心锦绣，人锦绣，家锦绣”的文化愿景。“为锦绣人生奠基”的办学宗旨表达了我们锦绣人办百姓满意的学校的真诚意愿。

二、着力“行为” 潜心培育

文化依附于人的行为方式而存在。在学校生活中，课程是教师与学生生命成长的重要载体，是学校教育价值取向的体现，是我们实现“同心绘锦绣”校园文化的唯一成长点。两年来，我们抓住课程建设这个关键，以三大中心（课研发展中心、教师发展中心、学生发展中心）为统领，以八大元素（身、情、韵、精、气、神、智、慧）为生长点，全力打造“润心课堂”“唤心德育”的课程文化：认真探索，遵循儿童心理认知规律，开展“主题阅读”“大问题教学”的课堂文化建构；以卡耐基成功心理学为背景，在音、体、美、科学中，开展以学科技能素养为主线的分解改革；探索建立以“自律、责任、自信、仁爱、协作、进取”六大核心心理品质为主线的品德综合大课程，让“注视孩子的眼睛，抚摸孩子脑袋，给孩子一个拥抱，尊重孩子出错的权利”成为教育的常态。

三、书写“精神” 静待花开

如果说思想是文化的根本，行为是文化的支柱，那么，精神就是文化缔结的累累硕果，就是师生认同的教育梦。在学校文化的建设过程中，我们以“价值引领”和“机制激励”为抓手，引导全校师生共筑锦绣梦想。

在学校起步的初期，我们将办学的目标定位于创办优质名校。随着办学的推进，我们更加关注的不是学校走了多高，走了多远。当每一天迎着教师的微笑、听到孩子的亲切呼唤时，我们更想知道的是，这些生活在校园里的生命，他们最真切的感受是什么？没有他们的快乐与归属感，学校的一切发展愿景都不可能实现。我们逐步摒弃功利思想对教育规律的侵犯，对办学节奏的干扰。“精心耕耘，静待花开”成为我们的校训，“教师幸福、孩子快乐、社会认可”成为我们朴素的价值选择。

为了这个梦想，我们以可争取的人与事为圆心，用“机制激励”不断拓展文化半径：在教师中以推行学术积分与榜样故事结合为导向的评价机制，引导教师朝着“心中有规范、手中有技术、脑中有智慧”的目标奋进；在学生中推行“五会”年段阶梯评价机制，引导学生成长为会做人、会生活、会学习、会创造、会表达的锦绣孩童。“机制激励”让师生成为有共同精神与行为的生态共同体。

两年多来，随着“文化兴校”战略的推进，校园文化的主题更鲜明，路径更清晰，“以心育人”核心理念已深入每一个锦绣人的内心。“同心绘锦绣”绘出了师生的快乐与精彩，这一切，都给予我们更多前行的力量。我们将继续去探寻生命与教育的本质，用心为锦绣人生奠基。

致家长（一）

锦绣小学启动首届招生工作，您的孩子就成为这里的第一批学生。我们非常感谢您对学校的支持与信任。“纳天下英才而教之”是我们的责任，更是我们的骄傲。因为孩子，因为热爱，您将与我们携手共同陪伴孩子的小学生活，相信在我们的通力合作下，孩子定会获得更大的发展！

孩子是我们不可或缺的珍宝。从他生命诞生的那一刻起，身为父母，都自然而然地成为孩子的第一任教师。六年多的日日夜夜，为了孩子的成长，您已付出了太多心血与操劳。今天，看到孩子从幼儿园跨入小学，步入新的起点，内心必定充满幸福，也充满期待！

我们每一个人都会走过幼年、童年、青年、中年、老年，在这样的生命历程里，幼年与童年接受的教育自然成为我们生命的底色。它将影响我们一生的思维方式与人生态度，因此，“三岁看大、七岁看老”的民间俗语也自然蕴含着深刻的教育哲理。童年教育如此重要，那么，当您把孩子交付到咱们锦绣小学时，又希望孩子在这里获得怎样的发展呢？

锦绣小学从开办的第一天起，就着眼于“以心育人”的办学思想，将“为人的一生幸福与终身发展奠基”作为办学宗旨。奠基未来，需要我们更多地关注每一个生命个体内在素质上的综合成长与全面发展，因此，我们给每个孩子提出“会做人、会生活、会学习、会创造、会表达”的“五会”目标。首先，我们认为教育的主要任务是塑造一个人的精神或人格，精神品质的培养是人生教育中最重要也是最困难的，因为，不仅人生的幸福与价值完完全全地依赖于一个人的精神品质，而且精神品质的培养是一件要从小做起，要靠坚持不懈地一点一滴养成习惯才能成功的事情。其次，我们强调给予孩子幸福生活的本领，这就需要孩子有强健的体魄，有在劳动实践中获得的责任与智慧，有充满激情与热爱的心理品质。此外，在“会学习、会创造”的目标中，我们认为每一个孩子都有自己独特的优势与不足，孩子的学习与创造是其生命成长的体验，过程远比结果更重要。在这个体验中，我们需要一步步引导他们从兴趣、习惯、方法中不断进行自我完善，因此，给予他们更多的鼓励尤为关键。最后，我们期待每一个家长都能更多地关注孩子的表达状态，恰如其分地表情达意已成为现代人的重要素养，直接影响孩子的人际交往与社会适应性。

今天，我们与家长谈及学校的育人目标，是期望得到你们的更多配合与支持，因为我们认为，一个孩子的成才，需要良好的家庭教育、学校教育、社会教育，这其中，家庭教育的特殊性与重要性是学校与社会所无法取代的。家长是孩子的第一任教师，家庭是孩子的第一个课堂。家庭氛围如何，家庭教养如何，家长素质如何，都将影响孩子一生。家长需要在教育孩子的过程中，不断了解儿童的心理特征，了解教育的有效方法，提升教育的基本素养。学习，是每个家长必须做的功课。与孩子一起成长，就是我们对孩子最好的爱。在这里，我们向每位家长提出三点建议：

(1)成为孩子人格的榜样。最好的家庭教育，是家长人格无声的影响。没有哪位家长不希望自己的孩子善良正直、勤奋上进，您希望孩子成为什么样的人，就要让自己先成为怎样的人。

(2)成为孩子的知心朋友。保留一颗童心，与孩子聊天，与孩子有共同的爱好，与孩子平等民主地相处，成为孩子最信任的人。在倾听孩子心声的过程中，不知不觉地影响孩子、引导孩子。

(3)和孩子一起阅读。一个人的精神成长史就是他的阅读史，要培养孩子的书卷气，必须靠家庭的书香气，我们强调家长能和孩子有更多的亲子阅读，通过共同阅读，共同交流，平等对话，更多地引导孩子。

家长朋友们，家庭教育的浸润性特点决定了它不可能一蹴而就。我们只能用真心去浇灌，用耐心去等待，用慧心去启迪。暑期生活就要开始了，为了让孩子过一个有意义的假期，我们为孩子编写了一份假期生活指南，这就需要每一位家长朋友带着孩子共同完成！

两个月后，你的孩子就要进入长安锦绣实验小学开始他的小学生活了。我们希望这里能留下他的快乐、他的进步，留给他更多美好童年的珍藏！最后，让我们共同祝愿：

锦绣学子，锦绣人生；

锦绣小学，锦绣前程！

致家长（二）

很高兴因为孩子，我们走到了一起。

理想的教育，是学生、教师、父母同时具备了教育者和被教育者的身份，这才是圆融完满的生命教育。

为此，开学以来，我们一直在做着这样的努力。

我们认为，课堂是孩子生命成长的主阵地。

孩子们来到学校，每天有 6 节课，一周 30 节课，一学期便是 600 节课。小学 6 年，孩子们不知不觉晃过 7200 节课。在这 7200 节课堂里，孩子的成长在哪里？又该是一种怎样的成长？

带着这样的追问和探索，第一学月，我们把工作重心放在了关注孩子的课堂学习状态、规范孩子课堂学习习惯上。学校管理者坚持每天听二至三节课，坚持每周一下午召开全校教师例会，坚持每周四、周五参加各学科组教学研讨活动，组织老师们探讨梳理各学科的共性习惯和个性习惯，整理各年段、各学科的素养目标。校长两次为老师们上示范引领课，通过各种形式的活动和集体交流，从思想上引领老师们重塑职业价值，转变课堂行为，开展课堂研究，提升课堂品质。

我们坚信，只有教师的天天学习，才有孩子的课课进步！

一个月以来，我们欣喜地看到，我们的老师越来越关注孩子们在课堂上的生命成长和习惯养成，我们的孩子一天天、一课课变化着、进步着：从不知道要做课前准备到自觉地下课马上看课表，从不知道书本文具的摆放到桌面桌内都随时保持整洁，从不知道怎么发言到能站姿端正、声音洪亮、清楚流利地表达，从不会排队集合到争做快静齐轻的“小青松”……

我们相信，这一切也是您所期待和盼望的。

孩子的成长，更需要来自家庭教育的力量。

伟大的教育家苏霍姆林斯基在《给教师的建议》里指出，家庭要有高度的教育学素养。如果没有整个社会首先是家庭的高度的教育学素养，那么不管教师做出多么大的努力，都收不到完满的效果。所以，我们也期待和盼望着家长朋友们都来做家庭教育的研究者，你会发现与孩子共同成长的过程充满着无穷的乐趣。

孩子在家庭中的习惯培养同样重要。我们希望家长朋友们能就孩子在家的行为表现和我们做更多的交流和沟通。有一份“爱的作业”，我们希望您能完成，那就是请家长结合自己的事例和感悟，写一写您培养孩子文明礼貌、爱好学习、合理消费、自我管理、与人相处等各个方面行为习惯的教育经验或教训与反思，或者写一写培养孩子道德品质、兴趣爱好、身体素质或智力等方面的经验，或者写一写孩子在家的一日情况。作业的题目由您自行决定。

这是一份“爱的作业”，请您一定完成它，完成的时间是 10 月 15 日。如果是手写的，请工工整整地抄写在信笺上，给孩子做一个榜样；如果是 A4 纸打印的，请注意格式规范，标题为黑体、二号、居中，正文为仿宋体、三号、首行缩进两个字符，行间距固定值 24 磅。不管是手写还是打印稿，请在标题左上角用文本框两行注明：首届长安锦绣实验小学“我与孩子共成长”征文；在标题下方居中注明班级、学生姓名、家长姓名。

这是“爱的作业”，这是与孩子同行的足迹，让我们凭着我们的热情和付出，笑望孩子的未来。

致家长(三)

从孕育一个生命到现在,各位家长已用了六年时间。在陪伴孩子走过的朝朝暮暮中,我们总是饱含热情地去品尝其间的酸甜苦辣。孩子的成长,让我们的生命有了新的色彩。对此,我们也会心存一份感激,更深感一份责任。《三字经》中说过:"子不教,父之过。"孩子今后的道路去向何方,与他幼年时代生活的家庭息息相关。身为教育工作者的我,也深刻认识到家庭的重要性,对家庭教育丝毫不敢懈怠。在此,也特别想与各位家长谈谈家庭教育,谈谈自己的想法。

一、以孩子为根本,营造宽松、和谐的环境是家庭教育的前提

孩子是有独立生命的鲜活个体,不是家长手中的特殊产品,更不是帮助家长了却某些人生夙愿的工具。因此,我认为正确的家庭教育,是从家长的正确心态开始的。家长的心态,决定着我们为孩子营造的是一个什么样的成长环境。曾经有一本风靡半个中国的家教读物《赏识你的孩子》,书中认为,生命成长的终极目标是幸福,成长的过程是生命的体验、心态的回归、心灵的解放。赏识观念的抛出为天下众多父母所接受。的确,一粒种子的发芽,需要合适的土壤,需要阳光、空气和雨露,一个孩子的成长如同植物的生命一样,又何尝不需要与之相适应的环境与养分呢?当我们面对孩子牙牙学语、蹒跚学步的憨态时,即便孩子的表现再笨拙、再可笑,在我们眼里却是那么可爱,我们会情不自禁地向孩子伸出大拇指,一次次鼓励孩子:"你能

行!”那一刻,我们是自信的、快乐的,孩子也是自信的、快乐的,两个生命体都在同时享受着生命的幸福。这种饱含对生命的热爱的平常心态,正是孩子成长需要的精神养分。因此,我们在为孩子的生理生命的成长提供蛋白质、脂肪、维生素等丰富营养的同时,还需要为孩子精神生命的成长创造和谐的环境,给予更多的关爱、鼓励与包容。“天生我材必有用”,用平常心去关爱孩子成长的每一天,家庭成员和睦相处,父母蹲下身子与孩子做朋友,与孩子同游戏、同学习,像看待孩子学步一样,相信孩子总会走出属于他自己的人生之路。这样,孩子会更快乐,也会懂得生命的价值在于活出自己的个性,体验生命历程的幸福,而不会因为一些功利的、世俗的目标而忘却自我。这样的教育,孩子才会有活泼向上、富有爱心的健康心理,拥有舒展的心理,找到成长的感觉。

二、以品德为先导,注重细节教育是家庭教育的关键

孩子有了健康和谐的成长环境,作为第一任教师的父母,要让孩子在成长历程中学会两个必需的东西:第一,做人;第二,做事。这两者,一定是以做人为先。试想,如果一个孩子不懂得怎样做人,他又怎么会有志向呢?一个孩子没有良好的习惯,又怎么能学有所获呢?一个孩子不懂得孝敬父母,又怎么做到不惹是生非呢?因此,良好的品德能把孩子引向正确的前进方向,是孩子积极上进的动力。回顾对孩子五年来的教育,我认为,在家庭中,德育是蕴含在日常生活的每一件小事、每一个细节中的,上学路上、走亲访友、外出郊游、餐桌上、卫生间,只要家长善于做生活中的、教育上的有心人,教育的材料就无处不在、无时不有。因此,我常用“父母处处无小节、生活处处皆德育”这句话来指导我与家人携手共进,营造孩子需要的教育环境,一方面是起到父母的榜样作用,另一方面是抓住生活中的细枝末节,以情动人,以理晓人,正面引导孩子逐步学会通人情、明事理。此外,孩子喜欢儿歌、故事,我们将这些图文、情节与孩子的生活现实联系起来,帮助孩子形成粗浅的是非观念;还要积极与老师沟通配合,形成家校教育的合力。我想,

在孩子成长的过程中，只要我们用心付出、用爱浇灌、教子得法，就一定会迎来柳暗花明的美好前景。

三、以发展为目标，关注个性品质的培养是家庭教育的重点

很长一段时间里，我们对孩子成才的认识是片面的，孩子的发展局限于“书中自有黄金屋”的观念中。21 世纪的到来，呼唤着人文的回归，这就不可避免地将教育推向了一个面临巨大挑战的特殊时期。新课程改革对传统的教育观念、教育手段、教育方向有了更多冲击，作为一名教育工作者，在参加这场变革的同时，也在一定程度上产生了对家庭教育的新思考。

早在春秋时期，孔子就提出了“礼、乐、射、御、书、数”六艺。20 世纪 70 年代，西方人提出了多元智能理论，认为人的智能可以分为语言文字智能、数学逻辑智能、视觉空间智能、身体运动智能、音乐旋律智能、人际关系智能、自我认知智能等七种智能。这说明，人的发展是多元的，上北大、清华并不是家庭教育唯一的理想目标。当我们的孩子能找到他智能的最佳点，最大限度地开发出潜能时，孩子的发展同样是最棒的。家庭教育必须遵循规律，以孩子为本，因材施教，关注个性品质的培养。对于学龄前的孩子，家长一定要多抽出时间，带孩子走向生活的各种空间，参加各种各样的活动，去体验、去感受，少些限制，多些尊重；少些包办，多些自立；少些知识，多些情趣；少些攀比，多些欣赏，在活动中、游戏中努力开发孩子的多元智能。这样，在奠定全面发展的基础的同时，也为孩子的学有所长做一些奠基。

家庭教育有丰富的内涵与外延，但我总认为，家庭教育其实就是父母生活的一部分。教无定法须得法，只要我们热爱生活，就会执着于家教；只要我们热爱生活，就会给孩子健康完整的爱。这份爱，就是家庭教育的法宝，就是孩子幸福人生的起点。

致家长（四）

越过秋的金黄、冬的贮藏，时光轻歌曼舞，给我们带来春的新绿。感怀孩子刚入锦绣校园那一抹天真好奇的微笑，而今已平添了几许从容与自信。此刻，一学期快乐而丰富的校园生活就要落下帷幕，我们将迎来一个多姿多彩的寒假，这也是孩子们来到锦绣小学后度过的第一个假期。

回首刚刚过去的一个学期，锦绣人为了创办“孩子快乐、教师幸福、家长满意、社会认可”的优质教育，博学笃行，盛德日新，着眼于“为锦绣人生奠基”的办学宗旨，秉承陶行知教育理论，在“以心育人”的办学思想指导下，从孩子的心理认知规律和终身发展需要出发，推进“达心立人的团队文化建设”“润泽心灵的课堂文化建设”“以心唤心的课程育德文化建设”，用先进的教育理念引领求真务实的实践研究，我们欣喜地看到了锦绣学校在起步后的发展：“从善、知和、敏学”渐已成为团队精神内核，“做中学、做中教”成为课堂文化内核，“全程、动态、开放”成为课程育德内核。扎实的教育改革促进了孩子良好习惯的养成、品德行为的塑造、综合素养的提升、学习能力的发展；锦绣拼音娃、小老师讲习题、锦绣好声音、亲子运动会等学生活动方兴未艾，挥洒着孩子们的创造热情，定格了师生的感动瞬间；缤纷课堂见证着孩子们的奇思妙想；礼貌的谈吐、活跃的思维、规范的行为积攒着孩子们的内敛，我们有信心，孩子的明天会更加美好。

孩子的成长需要家长的陪伴与帮助，当寒假到来之际，我们既希望每位孩子能在假期拓宽视野，也希望孩子能参与更多的实践，不断提升自我，发展自我。为了帮助您更好地指导孩子的寒假生活，我们紧扣锦绣孩童“会做人、会生活、会学习、会创造、会表达”的“五会”目标，精心为孩子编写了《寒假指南》，在您和孩子享受愉快假日的同时，也真诚希望您能帮助孩子用好指南，收获一个快乐而成长的假期。

(1)监督孩子：寒假期间，我们一定要指导孩子制订好适宜的寒假生活与学习计划，合理分配时间，严守正常的作息规律；安排孩子有健康的娱乐，限制孩子久坐电脑前，监督孩子每天坚持户外锻炼。

(2)亲近孩子：优秀的家长需要做好的第一件事情，就是与孩子建立良好的亲子关系。寒假里，我们希望您能抽出时间，与孩子进行更多的沟通交流，从孩子的朋友、老师那里获得更多的信息，关注孩子的心理变化，了解孩子的困惑与期待。

(3)指导孩子：《寒假指南》是锦绣的教师们用一个月的时间，从培养孩子综合素养的视角出发编写的，共分为三个板块。第一板块：会做人，懂礼仪。需要家长根据行为要点，时时对孩子进行提醒、指导、评价。第二板块：会生活，长见识。需要家长与孩子一起规划生活与出行，亲近自然，走入社会。与孩子一起组织家庭春晚活动，一起参与实践创造与艺术体验。相信有您的陪伴，孩子会有更多来自生活中的智慧与收获，会感受到更多家庭的温馨与父母的关爱。第三板块：爱学习，养习惯。我们从语文、数学、英语的学科特点出发，从孩子的心理认知水平出发，强调学习活动中对良好品格的培养，“持之以恒”成为关键。家长可以根据孩子假期的安排，灵活确定孩子完成的时间，希望您能参与到孩子的学习中，帮助孩子总结学习的得失。

(4)浸润孩子：操千曲而后晓声，观百剑而后识器。唯有孩子爱读、博读，才能从书中吸取甘霖琼浆，使视野得到开拓，思想得到启迪，情操受到陶冶。家庭教育的浸润性特点要求家长为孩子营造一个健康向上的阅读氛围：根据学校的阅读推荐，带上孩子逛逛书市，鼓励孩子参与阅读，并坚持记录孩子早上诵读语文、英语和每天课外阅读的情况。

家长朋友们，孩子迈进的每一小步，绽放的每一丝笑容，都与您的关爱密不可分。感谢您对锦绣小学的信任，对我们工作的支持，让我们与孩子同行！锦绣小学全体教师祝您新春快乐，阖家幸福！

作别锦绣

2016年8月底，离新学年开学的日子越来越近了，区教委出台了新一轮职评办法。我正在家制订学校的职称评定初稿，教委熊书记打来电话，让我去他的办公室。担心学校工作出现什么问题，我赶紧去了教委，带着几许忐忑走进领导办公室，试探着问："学校出问题了？"熊书记一笑："没有，怎么一让你来，就担心学校出事。是组织上考虑，根据工作需要，想让你去巴蜀小学任校长。"这是毫无准备的话题，我一下愣住了。说实在的，在锦绣四年，白手起家办学，全身心扎在这所学校，就为了心中的一份教育愿景与理想，从没有想过会中途离开。四年有过的艰辛与不易，外人是难以理解与体会的。与锦绣同事们在创业中建立的情感，也是难以割舍的。"不去可以吗？锦绣四年打拼下来，不容易，我也从没想过还要去办新学校，锦绣还有好多工作需要去探索。"我有些语无伦次。熊书记说："另外起步一所新学校，也许可以有更多可以从锦绣办学中借鉴和总结改进的地方，你先去巴蜀看看再谈吧！"是的，看看也好，给大家一个可以回旋的空间。

第二天，我驱车来到巴蜀，虽然周边的楼盘还在建设中，但这所已经完全建成且气势恢宏的现代化学校，却成为一处很好的景致。习惯了锦绣的小巧，巴蜀校园的大气让我震惊。2013年，渝北区政府曾与巴蜀小学签约，将重庆市巴蜀小学整体搬迁至此。因此，学校的建设规划以及文化景观，都是由巴蜀小学组织人员参与策划时。进入校园，无论是主题景观，还是文化雕塑，都非常明确地彰显着巴蜀特质。因为种种原因，巴蜀小学整体搬至渝北的合约最终流产，但校舍却留在了渝北，要渝北人自己来办一所巴蜀小学。学校的定位非同小可，校园配置更是高端前卫。看完学校后，我才真正感受到领导的莫大信任与用心良苦，开始动摇了。如果能够在传承巴蜀教育的旗帜下，与最先进的教育体形成同盟，对于一个想在办学路上理解与认识教育真相的追求者来说，是否是一条更有价值的道路？第三天，当教委艾主任打来电话，询问我考虑的结果时，我已经不再拒绝，只是平静地说："看了学校，这是一所定位与锦绣完全不一样的学校，领导对我太信任了。这里的挑战与压力很大，我不知道自己能否做好，只能说可以去尝试！"就这样，离开锦绣，离开这所自己亲手打造了四年的校园，便成为定局。

以后的好几天，我都会时不时地去锦绣看看。这时的校园正在进行体育馆噪音消减改造和食堂传送带的安装。因为承接了区教师节的两个节目以及微电影的拍摄，开学前夕，教师们都陆续回到了学校。因为不知道我要离开，他们见我依然如故，但我的内心却五味杂陈，眼里总含着不舍的泪，嘴里却什么也没有讲。独自在校园里走走，看看开办时为学生做的象形字长道；看看为迎接德育现场建设的艺术长廊，学生的照片以及绘画作品依然很亲切；看看用一百多个首批学生画出的梭子为元素做出的"同心绘锦绣"主题雕塑；看看顶着四十度高温还在为教师节演出排练的老师和孩子，对他们说声辛苦；看看那些为配合区教师节拍摄吃着盒饭的老师……

8 月 26 日，市教委领导来到锦绣小学宣布我的调任。那一天，我坐在主席台上，整个大脑却有一种昏昏沉沉的漂浮感。最后让我给老师们讲话，虽然有过好多天的思想准备了，我以为可以很平静地把这么多年来对老师们的感激以及别后的祝福表达出来，但拿着话筒，我一个字也说不出来了。刚讲了"老师们"三个字，声音便哽咽。从办学第一年的 19 位教师，到第二年的 35 位教师，到第三年的 49 位教师，直至离开时的 63 人，我们一起经历活动，改革课堂；一起享受春天，感受自然。曾经那么努力地坚守在一方教育的圣地，陪伴着一群孩子的成长，为什么会离开呢？我不敢深想，只能继续往前走，把最美好的祝福送给了曾经的团队，那个"心锦绣、家锦绣、人锦绣"

的教育历程中的同伴们。

人生，本就是在无数的告别中走向成长的过程。从锦绣搬家的那天，我想到了四年前从实验小学搬来的那个晚上，我在房间里写下了八个字：“个中滋味，一言难尽。”四年后，离开锦绣，我依然写下了这八个字：“个中滋味，一言难尽。”

第四章
追寻诗意的教育人生

巴蜀，因为挂名品牌，尽管只是渝北区政府的一所公办小学，但倍受社会关注。在众多人的眼里，我来到巴蜀，应该在这个更高的平台上，创造一段教育的辉煌。然而，人生流年，千帆驶过，从决定来巴蜀的第一天起，我便出奇的淡然平静。教育人生中一切过往的经历，帮助我对教育真相的趋近，也帮助我完成了对生命意义的审视。在巴蜀，也许只是一个刚刚好的开始。

一个新的开始

8 月 26 日，与代建巴蜀小学的开发公司对接后，最紧急的事情，便是要在 30 日为招进来的首批学生举办开学典礼及入学仪式。但此刻的我，既不知道学校招来的首批 7 名新教师身处何方，更不知道学校现有的设备如何应用到这一场面向社会的大型典礼上。新巴蜀虽然配置高端，但是一所没有运转过的学校，人员没有到位，设备没有运行，周边没有社区，配套一片荒芜。要举办开学典礼，组办人的相互沟通配合，甚至交通、伙食都面临很多困难。幸好在这个过程中，金茂公司给予了大力支持，解决了很多后顾之忧。我们很快组织人力，投入到开学典礼的准备中。

27 日上午，我们在校门口等文化衫制作公司的人员来讨论服装制作。一边等，也一边在思考开学典礼的文化衫上的文化元素。背面印什么文字，才能很好地突显学校的文化核心与校园特质？接手才一天就要回答这样的问题，实在有些困难。不提吧，又怕面对社会各界对学校办学实力的质疑；提出吧，又怕思考不周到而不妥当。无意中看到了学校花园里呈现的“与学生脉搏一起律动”几个字，这是巴蜀小学在 1995 年提出的核心理念。这句话，已成为他们学校响当当的名片。我们的起步，可以传承他们的先进教育理念，但直接使用是断然不可的。我望着花台上的字，“聆听心语，律动巴蜀”八个字脱口而出，于是印在了我们首次制作的文化衫上。在极短的时间里根据直觉提出的理念，在日后的很多课程活动中得到了运用和体现，也渐渐深入首批巴蜀人的心底，成为大家认同的文化基础。在此基础上，我们建立了学校的理念体系、机构体系和课程体系。

半年后，当我们的核心理念被完全固定后，我总会感叹，那一瞬间的灵感源于何方？有专家说，任何管理都需要做好顶层设计。顶层设计需要有核心思想，还要较好地掌握两种图形工具，即流程导图与思维导图。设计者能否有清晰的思维导图和流程导图，取决于整体认知与细节把握。

当我惊讶于自己一瞬间提出办学理念、一个月完成三项顶层设计的效率时，我不得不感慨，其实一切顶层设计的快速与直觉，都来自思想的根基和实践的根基。是二十年的一线教学实践，是四年锦绣的办学经历，奠定了一切认知的基础。"以心育人"的教育观念，是在一线教学时就初步形成，并践行于锦绣时。作为对教育本质最初的认识，它在锦绣得以实践并已固化，不再改变。在思考巴蜀的教育理念时，第一时间脑海里有的，依然是这样的教育本质观，仍以此为核心，同时传承重庆巴蜀的"律动"精髓，"聆听心语，律动巴蜀"，也就会在那一瞬间被灵感呼唤而出。

回首四年前在锦绣画的机构导图，由于工作阅历的局限，导致问题连连：层次细分的粗略，逻辑分块的混杂，功能布局的遗漏，这一切都是当年的认知水平不可抵及的！今天，当我可以更科学地画出巴蜀应有的机构体系时，过往的疏漏都成为照亮今天的一盏明灯，让我在这样的认知下，知道一所学校的课程以及理念应该具备怎样的逻辑与脉络。

短短八字，草草一图，聚集的就是半世教育人生路！我想，巴蜀，也许只是一个刚刚准备好的新的开始……

走进中关村三小

多年前，有一位台湾的教师曾经这样描述：当一个人去月球，三十年后，他重返地球时，斗转星移，地球上发生了翻天覆地的变化，但有一件事情，却始终没变，那便是如同工厂加工间的课堂，教室依旧如地块，学生依旧是秧苗，一列列，一行行！

转眼已过去十多年光阴了，这些年在新课改推进的过程中，不少人都渴望着也呼唤着学习方式的变革，期待课堂有孩子小嘴常开、小手常举、小眼放光的积极生态。但每一位业内人士都清楚，不管其间有多少努力，付出多少尝试，现实状态是一切发展并不尽如人意！学校管理与教学行为仍然在秩序控制与知识灌输中转圈！

来到巴蜀，着手建构一所新学校的发展定位时，我走进了教育部的骨干校长培训班。也因为这样的机会，我走进了在中国小学教育界享有较高办学影响力的京城名校——中关村三小。这次观摩，学校呈现出的对传统教育方式转型的践行与思考，带给我很大的触动。

一方面，学校在定位人的发展方向上，真实地体现了国际视野、全球眼光，从过去、现在和未来的立体视角认识学校的功能与价值。人工智能在改变人们的生活方式，学校不仅要认识未来的趋势，还要理解今天的学生，要在昨天、现在、未来的链接中，成为学生建构知识的场所、学习人际关系的场所、参与创造实践的场所。对学校的定位不同，必然促进中关村三小在教育价值观与行为方式上做出不同的选择。更令人钦佩的，是这群教育人在实践中开先河的践行勇气。他们是真正从生产方式、生产关系的变革中走出了极具现实意义的一步。在校园建筑的设计上，可谓独具匠心。占地不到30亩的土地，仅一幢C字形大楼环抱圆形操场，容纳了一切校园活动。廊道足够宽，教室空间足够大，每层楼最开阔的区域是开放的科学实验区、电子阅览区、图书馆，学习可以悄然发生在每一个角落。学生教室与教师办公室零距离设置，让新型的师生伙伴关系成为可能。可大可小的教室空间变化更好地满足了分科学习与整合学习的需要。中关村三小这样布局，不单单是资金的支撑，更是办学者视野与眼界的结果。

在观摩校园活动的过程中，很幸运地看到了一组班级社群的真实活动。教室隔墙被打开，三个不同年级的学生成为一个大的社群，以“七个老师一个群”的导师制开始了跨学科的项目学习。学生在这样的社群中，经历一项共同任务，学习到的人际关系也就更为开放、更为丰富。重构学习方式，换回了孩子的高认知、高参与，真实的学习发生在积极的生态下，绝非一种停留在表象的，为学习而学习、为迎合而表现的虚浮！

重构学习关系，学校走入3.0的创意空间，置身其间的孩子经历不同的学习、玩耍，他们一定有更强的能力从事未来的工作，有能力面对今天也许还不为人知的问题！

当然，任何改革都不可能一蹴而就。我们可以质疑学校如何处理分科学习与学科整合的平衡，如何实现项目合作的过程与结果的实效，如何解决意识与行为间的协调，如何寻求良好习惯的养成与良好思维的形成。但任何质疑都无法否认，中关村三小为走入现代教育开启了新的篇章！这也促使每一个走进其中的管理者不得不去审视自己的思维方式与职业视野，是否因个人的狭隘而影响了一所校园甚至一个时代的进步？

一首唱给巴蜀校园的歌 

我还很清楚地记得锦绣小学校歌出炉的历程！与其说，这个过程让我完成了第一次撰写歌词的尝试，倒不如说，它使我看到了校歌歌词的创作路径。锦绣的校歌创作，是从网上聆听各校校歌开始的。起初交给一位音乐老师去完成，于是产生了从网络上效仿的作品，自然是没有讲出校园的文化与思考了。随后，我们的一位语文老师又开始动笔起草歌词，写了四五稿，虽然把学校的办学理念融入了歌词，却显得烦琐，少了与儿童的亲近。事，就此搁浅；心，却一直牵挂。其间，我也尝试做了十来稿，始终没有被认同。直至两年后，当围绕"锦绣"二字的校园主题元素被确立，在那个充满思考的静夜里，看到满天的繁星，看到苍穹中飞舞的金色、银光梭子，脑海里全是锦绣孩子的欢声笑语、锦绣同伴的同心同德，暖流浸到心底。就在那一瞬间，写出了这一首歌词：

在广袤的天边，
金梭银梭穿越云巅，
织出太阳，织出月亮，
织出一幅锦绣画卷。
在温暖的心田，
文字音符流淌指尖，
绘出太阳，绘出月亮，
绘出一个七彩的童年。

心心相印,手手相牵,

同心绘锦绣,

同心绽放在锦绣的春天。

校歌写成后,回放在校园里,深受孩子们喜欢。歌曲承载着美好的愿景与无限的温暖。这样的过程让我感受到,当无形的精神文化依附于一定的外在表达形式后,它会有更强的力量,去弘扬群体的归属意识。也难怪一个国家有国歌,一次大型活动有会歌。

歌曲在锦绣传唱一年后,我与之作别,来到了巴蜀,同伴们又问我巴蜀的校歌怎么办。这一刻我很清楚,我们需要将精神寄寓在一首歌曲中进行传唱。我们要的也依然是歌词简约朴实,但情感底蕴厚实!在这里,如果可以有骆宾王、庄奴,那是不错的,大师的手笔可以见到常人所看不到的内涵与本质,并用最凝练的方式进行表达!但是,如果要另寻写歌人,这人如果可以在巴蜀生活一年半载,看看师生们过日子的方式,触摸着孩子的脉搏,呼吸着老师们的呼吸,那我相信,会有一首从心底唱出的歌。但谁又能做到呢?如果没有这样的基础,那么,无论甲、乙、丙、丁,无外乎就是剪刀、浆糊的拼接。这样的校歌,无灵性无真情,不如自己写了!我想,我的第一首歌,倾尽全部真情,唱给了锦绣;第二首歌,就一定会从心底唱出,唱给巴蜀的孩子,唱给巴蜀的老师,也唱给自己!我会在这样的过程中,聆听到内在的生命,也无所谓外人如何评判了!于是,在我的心中,等待着灵感的催化。

锦绣校歌的创作,给了我歌词创作的直接经验,让我在巴蜀不再盲目地认识校歌、校园文化的视觉元素。校园精神的关键词,在第一时间就成为校歌的主线,而那些在脑中不断闪现的画面触动了灵感。一个月后,我开始动笔,并不断完善,终于完成了初稿。歌词以律动为主线,从霞光律动在家园,到晨钟律动在校园,再写到心儿律动在彼此心田的温暖,叙写巴蜀校园的生活与期许!

五彩的霞光,洒在遥远的天边,

穿过高山,染红大江,

伴着明快的号子，
律动在我的家园。

欢快的晨钟，迎来灿烂的阳光，
画出笑脸，讲着故事，
伴着琅琅的书声，
律动在我的校园。

我们牵手在巴蜀园，
许下最美的心愿，
把天天，把年年，
刻满每一张相片！

我们相会在巴蜀园，
聆听最真的心语，
一页一页，一滴一点，
照亮每一个梦的明天！

我并非专业的词作者，这首歌词是否真正做到了贴近孩子？是否彰显了学校特质？是否符合作曲格式要求？是否有“词中有画”的意境？是否在内容铺陈上有了逻辑层次？是否在基调上达到从容优雅，娓娓道来？是否在情感上实现洁净温暖，款款深情？无数的疑问，也等待更好的突破。

因为经历了两所新学校的创建，也促使我这一生完成了两首歌词的创作。这一生，我也许不会再写了。

追寻诗意的教育

流光似水,不知不觉中已走过 26 年的教育人生路。时光的堆积,让人可以对一件事的本质有更深刻的理解与把握。如果要我基于教育实践的体验,用一句话描述我眼中的教育应该是什么样子,如今我眼前看到的,会是一片绿地上充满生机的幼苗,是在阳光雨露滋润下成长的欢悦。内心涌动的一份温暖,让我很清楚地认识到,一切发自内心的教育才是真教育,不唯书,不唯上,不唯功利,充满着对生命本真的热爱与呵护。教育的过程,应该成为学生感受生命美好的过程。教育是永远也没有尽头的人生旅程,我们行走在这样的旅程中,每一天都在与一群不同的人用不同的认知与心境,领略一路的风景。因此,教育理当充满美好的诗意。我们需要努力做好的,就是坚守教育的本真,在返璞归真的行动中,去实现教育的诗意。当我们用诗意的情怀去触摸教育时,就会很自然地想到雅斯贝尔斯的那句话:"教育是一棵树摇动另一棵树,一朵云推动另一朵云,一个灵魂唤醒另一个灵魂。"灵魂相伴,或许是教育可以成就美好的根本。

灵魂是教育的出发点,而办学思想正是学校文化的灵魂。它是每一个生命成长最为重要的隐性磁场,反映出的是学校的课程文化、教师文化、学生文化。苏霍姆林斯基曾说:"校长对学校的领导,首先是教育思想的领导,其次才是行政领导。"因此,在我们接手渝北巴蜀,开启一段全新的教育之旅时,我们首先要寻找的,依然是我们的根,我们的灵魂。在不断提炼与完善学校办学思想的过程中,我们深深体会到,校长不是教育理论的创造者,在更大程度上，他应该是教育思想的实践者。办学思想的最终定位，在很大程度上取决于校长个人的文化背景、人生阅历、教育理解、价值选择。有了26年的教育经历，有过4年锦绣的办学体验，我致力于对教育规律的认识与实践，领衔渝北巴蜀，已有的教育思想便成为根基。

我们依然确立"以心育人"的办学思想为学校教育的灵魂。从认知层面上讲，它源自对陶行知教育思想的认同。陶行知曾提出："教育是心心相印的活动，唯有从心底发出，才能抵达内心深处。"我们认为教育是育情励心的事业，施教者的敬业心、责任心、博爱心是教育发展的基础，无论学校、家庭、社会，所有承担教育任务的相关方都应自觉以这样的心理状态为基础，在共同的价值追求与认同中，抱着最大的真诚，形成最大的合力，去面对每一天的工作，引导培养每一个孩子。从实践层面上讲，我们认同教育家杜威的教育思想："教师对儿童的关注不应停留于学科本身，而应是儿童的心灵。"从这个意义上讲，教育即科学。教育首先应当尊重、理解儿童，掌握儿童心理认知及发展的科学规律。以儿童心理发展规律与认知规律的研究为切入点，探寻能够开发每一个孩子潜能的教育方法，应当成为每一个教师教育行为的出发点与归宿点。儿童立场、儿童视角，是每一个巴蜀人必备的教育内功。因材施教、有教无类、循序渐进，是教育必须遵循的科学方法。

办学思想要统领学校方方面面的工作，并得到全体教师的认同，就必须经历一个价值归一的过程。它需要我们植根于思想，建立清晰的路径体系。尊重生命的本真，把握教育的规律，植根"以心育人"的办学思想，就需要从关注人的隐性心智模式切入，落脚于显性生命状态，进而让生活在校园里的每一个人，感受到阳光般的温暖、春雨般的滋润，整个校园弥漫着勃勃生机。基于此，我们提出"聆听心语，律动巴蜀"的办学理念，将其作为营造润心入情校园文化的行动内核，并从"爱"与"美"的视角去建构践行路径。

一方面，在"爱"的磁场中聆听心语。诗意的教育不能没有爱，没有爱的教育是苍白的。教育就是播种爱的过程，这份爱，不只是受教育者感受到的爱，更是教育者自身所拥有的爱，同时也是教育过程中不断生发出来的不竭的爱。这份源自心灵深处的爱，在施教者和受教者之间产生了巨大的共鸣，并在爱的相互作用和相互激励中，成为一个源源不断、生生不息的互动圈。爱在很多时候是点点滴滴的细节。在校园里，爱以尊重为前提，而尊重以学会聆听为基础。我们倡导从三个维度"聆听心语"：在对象上，我们要聆听自己的心声，聆听同伴的心声，聆听孩子的心声；在空间上，我们要聆听校内的声音，还要聆听校外的声音；在时间上，我们不仅要聆听今天的声音，还要听到历史与未来的声音。只有以对自然生命最大的真诚与敬畏，我们才可能听到最真实的声音，才会为每一个生命的成长提供正确的帮助。我们才有可能为师生创设一个被理解、被尊重、被关注、被接纳的成长环境，让他们在爱中成长，进而转化为自身爱的情感和行为，使人格获得健康发展。

另一方面，在"美"的磁场中律动巴蜀。校园生活因教师与学生而精彩，每一个生命都有不一样的色彩，"美"的磁场，就是要让每一个生命都可以有一条展示生命色彩的道路。因此，我们根据学校的教学规律，以课程为中心，从"服务发展、团队熔炼、课程推进、文化治校"四个方面设计路径，努力提供师生发展的最大可能性、可选性，在课程、团队、服务、文化等多个维度中，建立每个维度可以有的二级空间、三级空间，让人人获得发展的可能，呈现各美其美的校园生态。

追寻诗意的教育，是在陪伴儿童成长的过程中，看到他们成长中的美妙风景。在尊重、聆听的基础上，我们将"唤醒生命自觉，奠基幸福人生"作为宗旨，聆听是唤醒的前提，只有唤醒才会奠定主动创造幸福的根本。然而，在主动创造的过程中，我们必须清楚地认识到，小学教育是孩子人生的基础阶段，有其独特性，万不可拔高或者有所偏颇。周国平在对教育的思考与认识中，反复强调："教育即生长，生长就是目的，在生长之外别无目的。"他特别反对用狭隘的功利尺度来衡量教育。儿童期有其自身的内在价值，用外部功利目的规范教育，无视生命本身的价值，一个最直接、最有害的结果就是否定儿童期的内在价值。

教育所能成就的最大功德应该是给孩子一个幸福而有意义的童年，为他们幸福而有意义的一生打下良好的基础。因此，在实现生命律动的过程中，我们需要通过课程建构、课堂重建、服务引导等多个渠道，为生命成长创造适宜的环境。但是，在当前这样一个快节奏的时代，各行各业瞬息万变。在这样一个崇尚速度的时代，每个人的愿望就像春天的花朵，争先恐后地绽放，办学也往往会在这种时代氛围下，处于一种奔跑的状态中，往往会在不经意间丢掉了安心、安静、坚守、耐心等宝贵的品质。儿童立场、儿童价值常常被功利立场、功利价值取代，成为一句空谈。强调在“美”的磁场中，让孩子的生命得以律动，我们的教育就应当更多地在理解儿童、理解教育的过程中，坚守“唤醒与奠基”的宗旨，在践行办学行为中，我们需要不断做好的就是杜绝功利思想对教育规律的侵蚀。教育是慢的艺术，需要耕耘，需要等待，“一路行走，鲜花自开”应该成为学校在整个办学体系中必须遵守的教育规律。

谈谈核心素养

“核心素养”是近期教育界的热词，很多场合中都在使用。很长一段时间里，我只是觉得此概念的提出，无非是对学生的终身发展以及适应社会生存的必备能力换了一种表述方式。培养什么样的人，如何培养人，是自教育产生起就一直存在的一个话题。从孔孟时代的因材施教、教学相长，到杜威时代的教育生活，都在不断地谈论。其间的内核会因为时代的发展而调整，但教育的本质规律不会因为概念的改变而改变。从这个意义上讲，核心素养也就是在今天这个时代，对“培养什么样的人”做出的顺应时代需求的一个思考而已。

我们过去提出了“三好学生”“五育并举”，今天提出了“素质教育”“综合素养”，为什么还会有“核心素养”这个概念产生？此三者关系如何？我一直处在混沌之中。很幸运的是，我参加了教育部的骨干校长培训，听到了河北省教育厅褚宏启关于学生核心素养及其培养的专题报告，才算是有所顿悟。

核心素养是切合新时期人才发展的关键素质而提出的。社会的进一步发展迫切需要人们摒弃一味遵从权威、因循保守、信奉宿命、欠缺创造等弱点，让人真正成为现代人。只有实现国民的现代性，才会有国家的现代性。从这一点看，在国家经济发展的转型期，核心素养的应运而生便是必然。国民的关键素养体现在创新能力、批判精神、公民素养、合作交流、自主发展、信息技术六大要素上，整合起来，人们思维方式与行为方式的变革就显得尤为重要了。创新成为一切素养的核心，成为一个国家屹立于世界强国之林的根本。面对时代变革与教育转型，褚教授认为实现核心素养的重要策略在于赋予教育过程更多的自由与民主。不仅需要管理中的民主、自由，更加需要课堂中的民主、自由。其实，教育不仅是在今天，在任何一个时代都呼唤独立之精神、自由之人格！

核心素养是对未来的人才发展提出的新思考，但绝不是对原来的育人目标与教育行为的全盘否定。教育的改革总是在传承中进行，也需要我们有足够的智慧，去处理好变与不变的问题。首先，核心素养不需要与课程教学目标一一对应，它凸显的是全人的发展。在教学中要思考如何学少、学精、学慢、学有用，处理好有限与无限的矛盾，避免知识的碎片化和发展的片面性。其次，必须放大学科独有的育人价值。语文学科重视学生语感与文字运用的培养，数学学科重视孩子逻辑思维的训练，体育学科重视儿童意志品格的养成，艺术学科重视学生审美能力的形成……核心素养的落地，决不能淡化学科的育人价值。最后，课程与教学有利于发挥综合育人价值，在这个过程中，我们要敢于打破学科间的界限，推倒校园的围墙，让学科独立的教学与课程综合的活动相得益彰。

人生的三重境界

现代学校愈加强调视觉文化对办学思想、课程特色的彰显。2012 年创办锦绣小学时，我就一直在寻找一位可以较系统地完成学校文化外显视觉设计的人员。很早就听说有一位叫张辉的北京人，完成过谢家湾小学、人和街小学的文化外显设计。两所学校是在重庆以至于全国都有一定影响力的名校，他们认同并选择的设计者，理当有一定的实力。我去参观过这两所学校，对它们所呈现的外显文化，有耳目一新的感觉。因此，我也希望可以与张辉合作，但多次联系，要么因为对方生病，要么因为对方手上事太多，都没有能够合作。直到 2014 年，锦绣小学正准备与另一家校园文化公司签约时，张辉却打来电话，说从“锦绣”二字着眼对校园的文化建构有了一些思考，可以考虑合作。这也许就是一种缘分。之后，我们便在他的启发下，开始在蜀锦博物馆寻找学校的视觉元素，努力挖掘“锦绣”主题文化在校园中的彰显。2016 年，我到了巴蜀。面对又一所新学校的文化标识设计，我依然想到了张辉。

2016 年 11 月，结束了在北京师范大学一个月的培训后，我回到这所新建的学校，很快完成了学校文化理念的系统架构，便启动校园文化的视觉建设工作了。约来张辉，与他聊到对这所学校的文化思考。第一次面谈，他的思维方式给了我很大的启发。我只想到要从传承 80 年巴蜀教育的视角去定位学校的办学，但他说教育依然要努力解决那个永恒的哲学命题：我是谁？我从哪里来？要到哪里去？要让学校的文化外延有更大的张力，读史是认识并形成文化建构的最好途径。巴蜀就应该有一种文化重叠的厚重感,从几千年的巴蜀文化史,到80年的巴蜀教育史,再到今日新巴蜀,“巴山蜀水,律动我心”就在这样的讨论与沟通中,成为学校文化视觉的主题定义。此后,张辉开始了对校园文化标识的设计。

在这个主题下,张辉很快完成了第一稿。他从日与月的交替、心电图的波形、山的起伏、水的流动等一系列物理形象中,找到标识的构成办法,再加上色彩的冷暖和线条的韵律,完成了标识的图像设计。

当我们把设计稿向社会公开后,有一些人认同,也听到了来自各方的质疑:有的人感觉图像虽然灵动,但在人文气质上不够;有的人说整体感觉太复杂,凝练度不够,不符合标识的特点。各方的声音让我们再度审视已有的设计,并将这些看法转达给了张辉。我以为,他或许会坚持自己的设计,或许只在这个基础上进行微调,但接下来的两个月,他带给了我太多的感动。

再次设计,张辉试图从古典图案中找到一种本地特有的图形,来提升标识的认同感。看了上千张青铜器的图片,却没有找到与“律动我心”相符的图案。于是,他又开始用青铜器的花纹去组成字体。当他把绘制的“巴蜀”字样发给我,征求我的意见时,我很直白地表达了自己的观点,感觉它没有体现学校的特质,以及我们想要传递的思想。

“巴山蜀水,律动我心”的概念不能违背,是这次设计的原则。虽然这个寻找的过程让人倍感艰难,但他还是又开始新的思考。

他需要从当下的技术条件和现代人的视觉习惯中来绘制这个标识,那就必然放弃选用青铜器这种图案。一段新的图像寻找之旅又开启了,要从浩瀚的图像里找出恰当的表达方式,这对一个追求独特性的设计者来说,几乎是一种让人抓狂的纠结。

目睹张辉筋疲力尽的状态,我有些于心不忍,提出实在不行,是否考虑让设计回归常规的形状,让它看起来中规中矩。但是张辉却不甘心让这种常态的设计进入一所即将开始伟大旅程的校园中。很长一段时间,他没有与我沟通设计的进展。

但12月的一天下午，张辉突然从微信发来好多张书法“心”字的图片。

他难以抑制内心的兴奋：“我乐疯了！”“那么多，都不如这个好。”“书法名家的心。”“这就是山水画呀！”够人文，够底蕴，够现代，够传统！”“校长怎么看？这是不是个方向！”一连好几个并排的句子，快乐与兴奋溢于言表。

原来，在我打算放弃的这段时间里，国画的高远构图和古代书法家的字体进入了张辉的视野。他一直在暗暗尝试着，从传统的书画构图和观察方法中去构思当下的设计概念，没想到居然找到了几位古代书法大家的“心”字，单个字抽取出来，仍然可以感受到古代大书法家的行笔气韵及心境气象。行笔的笔画本身就是绘画的线条，就是中国特有的“书画同源”的特征，把山水图像和笔画结合就可以进行设计了。赤子之心融于山河大地，“心”形的笔画泼洒在山川大地之间，把人文气象寄寓于山川之前，让自然山水与人心一起律动。终于，画面的感受比原来的标识增加了人文特征，地域属性以及人文属性都可以代表巴山蜀水，表现了渝北巴蜀小学成立的历史契机。标识的雏形已经显现。

校园的标识设计就要定稿了。当我们再次见面谈及此事时，我对张辉说：“之所以一路选择与你合作，是因为你的身上具有太多设计者不具备的特质。很多人承接学校的文化设计，以完成任务为目标。他们大多根据校方的要求，找出一些已有的表现方式，进行一定的剪切与组合。而你却是在实现一种设计创意的追求。”张辉说：“因为一直喜欢，所以，就希望可以寻找到最好的方向。这个过程，我根本就没有考虑钱的事！”一席话让我脑海里想到的，便是王国维《人间词话》中的三重境界：“昨夜西风凋碧树，独上高楼，望尽天涯路”，此第一境也；“衣带渐宽终不悔，为伊消得人憔悴”，此第二境；“众里寻他千百度，蓦然回首，那人却在，灯火阑珊处”，此第三境也！

是的，与这样一位有思想、有追求、有境界的合作者走在一起，感受到的就是这个过程中走过的三重境界，及在个人努力下完成一种创作后的欣喜。

建构自主更新的管理文化

管理是一所学校健康发展的命脉。我们努力营造有诗意的品质教育，就要从研究管理文化的建设开始。一所学校起步时，如果在规划发展中，在第一时间从学校实际需要出发，建构与之相适应的具有自主更新能力的机构系统，对营造校园生活的幸福感、诗意感，必然是很好的基础。而管理系统的建立，在一定程度上体现着我们对学校各部分关系的认知与理解，更体现着我们对教育生活方式的选择与改良。

建立自主更新的管理机构，就要在机构设置上具有清晰的逻辑，机构成员具有明确的分工。随着学校办学规模的不断发展，教育改革的不断深入，机构自身应具备较大的灵活性，并能在不断调整中成为具备更大伸展空间的系统。因此，在经过深度的思考后，我们从学校发展规模最终将达到六十个班级的需要出发，以“服务育人、发展育人”为核心理念，构建了“大部制小年段”的内部管理格局，即将学校全面工作分为低、中、高三个年段，划归三大部：勤务部、校务部、课程部，分别指定分管校长管理。各部根据工作建立执行中心，推进决策与执行的扁平化管理：将安全、卫生、财务、基建、资产全部统筹为勤务部；将人事、外事接待、团队熔炼、行政会务、信息报送统筹为校务部；将传统机构中的德育与教学统筹为课程部，设立研发中心、班辅督导、教学督导、师资培训、教学服务等机构；形成以课程建设为中心，推进教师与学生双主体发展的格局。

发展自主更新的管理文化，更值得关注的不再是学校走了多远、发展了多少，而是校园中的每个人内心最真切的感受。如果没有他们的快乐感、归属感，学校的一切发展都不可能实现。因此，我们坚守教育是行动的哲学，从两个方面加以关注。

一是行政管理上，努力营造民主进取的团队氛围。一所学校的行政管理，最重要的是要形成上令下行的一盘棋，形成人人主动参与的一种格局。为了营造出这样的氛围，首先，要从管理方式上进行变革：一方面，设立校长信箱，给予安全感、信任感，在"当面锣，对面鼓"的氛围中听到真实的声音；另一方面，改革会议方式，以讨论、建言等形式赋予会议更多的沟通与对话。其次，抓好行政队伍的素质建设，倡导行政人员形成六种意识：学习与研究意识、统筹与渐进意识、流程与规则意识、精品与细节意识、执行与沟通意识、分工与合作意识；培养六项力量：提升容错力，增强安全感；提升亲和力，增强归宿感；提升引导力，增强方向感；提升公信力，增强聚合感；提升生命力，增强幸福感；提升创造力，增强成就感。

二是在师资建设上，努力营造行动为先、学术为尊、合作至上的组织氛围。一所刚刚起步的新学校，要形成自主更新的管理文化，就需要把学校对教育的理解、对教育的价值选择转化为教师的生活方式。为此，我们以思想引导、行为引导为主线，从植根 80 年历史、圆梦渝北新巴蜀、坚持做的哲学、坚守教育的本真四个方面编写《教师文化手册》，以此作为巴蜀人思想的方向、行为的指南。因为教师工作时间的长短不一、专业水平参差不齐，我们从"心中有规范、手中有技术、脑中有智慧"三个维度，开发渝北巴蜀小学教师专业发展的必修课程，根据教师的一般基本功、学科基本功、专业基本功、科研基本功的要求，制订《渝北巴蜀小学教师专业化发展实施手册》，让教师能清楚地知道自己的角色定位、现实状况、发展目标、实施办法，并确立个人专业化发展的三年规划，努力将个人愿景与团队目标相结合。通过建立师徒结对帮扶、和谐教研组团队帮扶、课改青联会等制度，挖掘校内资源，以可争取的人与事为圆心，不断拓展文化半径，不断加快学习型组织建设的步伐。

管理是科学，更是人与人心灵沟通的艺术。新巴蜀的管理起步之时，我便走在了对自主更新管理张力的探索路上。

文化手册

创办锦绣小学时，我是从分管教学的副职岗位转换到全面负责的一把手，对学校管理的全局没有接触过。教育发展的定向与定位，也是在茫然中摸索。我知道管理是文化管理、情感管理、待遇管理、制度管理等多个维度的结合，因此，在办学之初，为了推进学校的可持续发展，我们从法治规范上下功夫，力求建立一套完整科学的规章制度体系，将学校方方面面的工作纳入该体系，做到有法可依、有章可循。我们编写了一本长达三百页，涵盖校园全局的员工手册，试图用这本手册规范教师的认知与行为。但这本手册编写完成后，我们发现，除了办学检查时可以用来展示学校的制度建设外，因为内容太多太泛，反而缺少针对性和实效性，它没能深入教师群体，为教师们所认同和应用。这种付出与成效不相匹配的状况，促使我在创办巴蜀时，不得不去思考制度建设如何与学校的实际相匹配。如果制度建设可以让管理者的观念与被管理者的行为达到最大程度的契合，就会减少低质无益的劳作，而形成一种高质量的管理成效。

基于这样的思考，我们依然认为一所学校要有一本属于自己的文化手册，让进入学校的教师可以在第一时间通过文字记载去认识它的文化。但这本文化手册承载的内容，应该与教师最切合，是每一位教师进入这个群体后，最想知道且最应该知道的行业要求。为此，我们以“植根 80 年历史、圆梦渝北新巴蜀、坚持做的哲学、坚守教育的本真”四个篇章，为教师们编写了手册，并留下这样的寄语：

今天编写这本文化手册,我更多的是在思考,要用它传递什么样的教育思想与定位。行走在教育路上,走到今天,我更加认为,教育要有制度,但它可以充满温度,可以充满诗意。教育最大的成功应该取决于内在心灵的慈善。因此,我试图以这段“写在前面的话”,用朴素真切的表达,让所有进入巴蜀的成员,聆听到我的心语、巴蜀的心语。让走入团队的每个人,在第一时间可以更多地了解这个我们共生、共进、真实客观的存在。

“巴蜀”是重庆教育的一张名片,承载着重庆教育发展的厚重历史。渝北巴蜀可以植根在这片土地上开始生长,作为新兴的校园而言,它是幸运的,因为可以传承明确的教育思想,接受大师智慧的滋养。但渝北巴蜀又是一方需要精心耕耘的处女地,需要在传承中去创造与发展。怀揣一种信念、一种理想的教育人,在这里去寻找一段浪漫而美好的约会。

一本文化手册,为每一个刚刚进入学校的教师开启最温馨的一页。在这里,你可以静静聆听过往的心语、时代的心语、团队的心语。片语只言如涓涓细流,让你在一段真实平凡的叙写中品味公行天下的凛然正气、诚实朴素的教育情怀。

一本文化手册,对于入校的新教师来说,会是你最亲密的伙伴,引领你了解团队的行为方式与行为准则。偌大校园,人人事事,行有尺度,举有流程。有章可循,方可成其方圆。手册让我们理解并遵从巴蜀的行为与表达方式,在团队中贡献一份聚合的力量。

文化,是价值选择。文化,是行为总和。文化,是做的哲学。走进渝北巴蜀,一本文化手册,为你,为我,开启最美的“做”的首页。

建构“律动共生”的课程

在拉丁语中，课程一词直译为“跑道”。如果每个学生都是这条跑道上的奔跑者，那么如何设计这条跑道，将决定学生能跑多远，跑得快乐与否，是否能抵达成功的终点，收获人生最美的风景。

课程是一所学校办学价值取向的集中体现，是校园师生生命活动的总和。它渗透在校园生活的方方面面。我们从办学的第一天开始，便致力于从儿童生命、儿童成长体验出发，在充分尊重儿童、理解儿童、认识儿童的基础上，研究课程属性，力图建立能更大程度地激活个体生命自觉，为学生的多元发展提供更多可能，为教师的专业发展提供更多平台的“律动共生”的课程文化。

一、推进“律动共生”课程，明确课程价值取向是前提

学校是贯彻实施国家教育方针的基层组织。处于学生启蒙阶段的小学教育，最重要的任务是为孩子一生的成长及禀赋发挥提供无限可能。我们从这样的教育价值取向出发，提出“唤醒生命自觉，奠基幸福人生”的办学宗旨，并从四个方面诠释我们对办学宗旨的理解：(1)小学阶段的教育，要保护孩子与生俱来的天赋和兴趣，这样，长大后的孩子才会是一个有生命张力与生活情趣的人，才会懂得如何与这个世界长相厮守并相得益彰；(2)引导孩子正确认识学习的目的，这样，长大后的孩子就会知道学会保护、自我完善和尊重外物；(3)保护好孩子对身边万事万物多元认知的能力，这样，长大后

的孩子在面对各种复杂情况时，就会有厚积薄发的力量，去推进人类社会向前发展；(4)小学阶段的教育，要为孩子打开校园的围墙，接收外界的信息，这样，长大后的孩子就会在自律的同时，自觉接受来自外界的他律。综合起来，奠基幸福人生就是要努力让孩子成为有高尚情怀、开放心态的人。

二、推进“律动共生”课程，确立核心素养的内涵是基础

奠基幸福人生的教育，是要赋予孩子无限可能性，减少他们的局限性。在这个价值取向下，我们需要进一步研究“律动共生”课程的目标，确立学生核心素养的内涵。教育部在关于全面深化课程改革、落实立德树人根本任务的意见里，指出了教育综合改革的关键领域和主要环节之一就是研究制定核心素养体系。“核心素养”是一个综合概念，它包含学生在接受相应学段的教育过程中，逐步形成的适应个人终身发展和社会发展需要的必备的基本品格和关键能力。根据学生的终身发展需要，我们从人的心智模式入手，确定了形成健全人格所需要的六种心理品质，即自律、责任、自信、进取、仁爱、协作。同时，我们以人的显性生命状态为落脚点，将育人目标确立为“五会”，即会做人、会生活、会学习、会创造、会表达。核心素养的定位与确立，奠定了渝北巴蜀“律动共生”课程的基础。

三、推进“律动共生”课程，整体架构课程实施体系是关键

核心素养的提出，为实现奠基幸福人生的教育宗旨指明了方向。要实现这样的育人目标，就需要我们从整体入手，架构立体的具有生长性的课程体系。因为课程是校园里师生一切行为的总和，是师生生命成长的唯一土壤。只有课程丰富多彩、课程结构多元化，才能促进学生的全面发展；只有课程是开放的、动态的并且可供学生选择的，才能促进学生的个性发展。为此，我们从三个维度(基础课程、拓展课程、特色课程)、五个板块(阅读与表达、数学与科技、艺术与审美、体育与健康、生活与社会)构建了学校立体、开放、生长的 GOE 课程体系。基础课程是主干，拓展课程是枝干，特色课程是

片片绿叶，各有不同，各有精彩。“六心”“五会”的核心素养，就是体系中的根与花。所有板块、所有维度的课程，在实施教育的过程中，始终要从“六心”品质入手，到“五会”能力的外显落脚。确立了德育的切入点、着力点、落脚点，我们从基础课程、拓展课程、特色课程三个角度推进了“律动共生”课程的改革与实践。

（一）建立基础课堂文化

在小学阶段，国家课程占总课程的80％，而国家课程的落脚点在课堂。瑞士教育家裴斯泰洛齐说：“课堂决定着一个民族的未来。”因此，我们立足课堂抓教学质量，以国家课程为载体，以课题研究为抓手，对国家课程大胆进行改革，推进“律美共生”课程建设。

我们将对儿童心理认知规律的研究放在最突出的地位，以儿童心理和认知理论为背景，以陶行知“教学做合一”的教育思想为支撑，提出“做中学、做中教”的课堂改革核心价值观。我们期待我们的课堂是具有良好生态的课堂，是具有生命律动、美美与共的课堂。在我们精心营造的“律美共生”的课堂中，人人民主对话，思维相互碰撞，情感交融通达，文化自然流淌，个性和谐发展，生命得以升华。

基于这样的理解，我们从三个方面实现课堂文化的彰显。

首先，在目标的达成上，我们要求：一看本课教学目标是否具体、明确，是否符合课程标准、教材和学生实际；二看重点和难点的提出与处理是否得当，是否抓住了关键；三看执教者是否有较强的教学目标达成意识，并将此贯穿教学过程的始终，课堂有实效。

其次，在学生的课堂活动中，我们要求：一看是否树立了“以生为本、以学定教”的教学思想；二看学生是否主动学习，课堂气氛是否活跃，教学是否尊重学习主体的心理体验，是否重视学生动机、兴趣、习惯、信心等非智力因素的培养，以及思维能力和创造能力的培养；三看课堂是否体现了学习主体由“不会”到“会”、由“不懂”到“懂”的学习成长过程，是否体现了知识的形成过程，结论是否由学生自悟与发现。

最后，在教师导学设计中，我们要求：一看教师是否面向全体，体现差异，因材施教，是否给学生创造了机会，让他们主动参与、主动发展；二看教学信息是否有多项交流，反馈及时，教师是否能及时发现学生存在的问题，并积极有效地跟进，教师在哪些时机抓住现场机会生成，进行了讲授、引导、点评，启发是否有效；三看教师的教学基本功，语言是否规范简洁、生动形象，教态是否亲切自然、端庄大方，板书是否工整美观、言简意赅、层次清楚，现代化教学手段是否合理使用，调控课堂的意识与能力如何。

建构这样一种课堂文化，我们需要不断追问：是不是把时间还给了学生，把交流的机会让给了学生，把选择的权利留给了学生。只有坚守这样的课堂文化，才可以让国家课程的建设有方可循，实现“实效、灵动”。让孩子在课堂中收获情感的升华、提升学习的能力、获得生命的增值，成为我们对“律美共生”课堂文化永恒的追求。

（二）研发多元特色课程

根据现行课程的特点及儿童发展的需要，我们立足于五个课程板块——阅读与表达、艺术与审美、体育与健康、生活与实践、科学与创造为学生设计辅助课程。我们为学生开发了表达类的演讲、主持人、小记者、小编辑、播音团、快乐语音吧；围绕艺术与审美，为学生举办油画组、版画组、曲艺小组、戏剧组、合唱队、舞蹈队等；立足科学与创造素养的发展，为学生开办计算组、逻辑思维训练组、机器人组、模型组、小实验家组等；根据生活与社会课程的标准，为学生建立礼仪班、校务社团、家政研学、社会观察团、新闻评论组；根据体育与健康课程，开办各类体育运动团、棋艺、医疗以及心理辅导兴趣社团。总之，本着为学生的多元发展提供可能的导向，我们从以上五个方面规划了校园辅助课程，并整合大量可用的社会资源，建立与之相适应的管理、评价制度，让学生在发展兴趣爱好中成长。

（三）打造五维拓展课程

拓展课程是基于基础课程发展的，人人可参与的，可动手实践、开展研究的课程。它又是建立在更开放的空间内，将学生的体验与感受放在重要地位的课程。它更加强调关注人人，发展人人，因此，我们立足五个维度，进行拓展课程的建设。

1.立足“六心”品质，研发国旗下特色校本课程

每个学校都有升旗仪式，升旗后的活动或是老师讲话，或是学生展示。我们在办学之初，国旗下课程也基本采用这样的方式。但我们总感觉，这样的集会虽然集中了师生，但并没有很好地集中思想。学校教育不仅要教给孩子知识与技能，更应该塑造学生的价值观念与思维方式。作为校长，我需要思考如何将“聆听心语，律动巴蜀”的理念转化成师生的行为，将影响孩子精神品质的“六心”落实在日常工作中，实现对师生的思想意识与价值取向的影响。这就需要一个合适的场合来进行宣讲。每周一的升旗仪式是一个很好的时间点，也是对全校师生进行价值观念影响的重要阵地。

办学以来，我们逐步推进国旗下课程改革。我们以“六心”品质为内容体系，以儿童现实生活为素材，通过孩子喜欢的方式，为学生进行国旗下讲话，引发学生的思考。学校校会后，班级围绕同一主题开展国旗下小班会，并逐步推行校长主讲—主题班会—课后感思—家长参与的四段式活动。国旗下课程围绕孩子的思想成长，聚合了各部分德育力量，以最强的力度去影响孩子的精神境界。我们相信，根深才会叶茂。我们用这种方式为孩子的根部注入最丰富的营养，这棵生命之树也必然茁壮成长。

2.立足“五会”能力，开发激励多元生长的评价课程

国旗下课程着眼于学生的概况，而评价课程则落脚于孩子的显性生命状态。我们力图建立以“五会”能力为本的可观察的评价指标体系，并以指标体系为纲要，编写适合儿童的绘本，进行养成训练，并以评价为手段，去影响学生的行为养成、习惯培养、技能优化。在评价形式上，更加注重多元实

施。我们强调集体与个体的结合，既开发促进班级社群建设的集体争章晋级达标评价方式，也研究适合不同阶段成长需要的个性评价方式。我们开发了适合低段学生的《好习惯养成手册》，适合中高段学生的《我的成长我做主》自主评价手册；在过程中，将分值评价与语言描述评价相结合；在评价的时间上，注重将常态引导的形成性评价与定性评定的总结性评价相结合；在评价参与者上，注重家庭与学校相结合。在德育实践过程中，我们力图从多角度建立评价策略。我们希望所推行的一切评价，都不是给孩子一个封闭的结论式的定论。最好的评价，应发挥它在孩子成长中的引导激励功能。

3.立足学科整合育人，开展项目学习的大实践

项目学习是我们在课程整合条件下实施整体育人的一项重要尝试，在一定程度上，也可以将其理解为主题性学习。我们从两个方面为学生推进基于项目的综合性学习。一是我们从与孩子生活实际或者孩子感兴趣的一个点切入，选择一个具有充足的认知张力的主题，并让阅读、科学、数学、艺术、体育、品德等基础课程系统的所有教师围绕这一主题，为学生设计学习活动。虽然各个学科采取的路径不同，但活动实施后，我们可以很清楚地总结出学生在这一次主题项目学习的过程中，所获得的思维方式、情感体验上的综合成长。二是我们打破以前学科节活动中，以某一学科为核心的封闭设计，让学科节成为综合活动。在这样的尝试中，我们已深刻感受到，项目活动对推进学生的合作交流以及发挥学科整合的育人功能，有着不可替代的作用，是我们推进课程整合研究的重要载体。

4.立足“生活与社会”，开展社区大课堂拓展课程

在三级课程体系中，我们将《品德与社会》《品德与生活》定位为学生社会性发展的基础课程，但课程性质要求以儿童的现实生活为素材，让他们从自己的世界出发，用自己的眼睛去观察社会，用自己的心灵去感受社会。课程教育的意义不在于对儿童生活的简单翻版，而在于用经过生活锤炼的教育内容去教育和引导儿童。因此，我们仅立足于四十分钟的课堂教学去实现学科任务是远远不够的。从课程拓展的视角出发，我们将“社区大实践”

定位于儿童生活与社会课程的拓展性课程，通过学校引导、家长参与，大大拓宽了学生参与认知社会的时间和空间，丰富了学生的实践体验。教师在引导家长为孩子们组织社区活动时，参与计划定制、活动跟踪，最大限度地挖掘社区实践在学生社会性教育中的积极功能。

5.立足“记忆巴蜀”，研发校园隐性课程

优美的校园文化，能够让学生受到美的熏陶和道德的感化。我们遵照“一切从学生的视角和立场出发”和“简洁美观”两个原则，挖掘每一面墙壁、每一个角落的文化教育价值，形成“处处是文化，事事有教育”的良好氛围，使师生每天耳濡目染，从而形成品质，影响行动，这是我们对校园环境中的隐性课程的价值定位。一所新的学校要利用校园环境对学生进行影响与教育，就要让它的设置有根源、有体系，充分挖掘校本特色、地域特色，因此，我们从学校特有的校名“巴蜀”切入，建立以“记忆巴蜀”为主线的隐性校园环境课程。一方面，以巴蜀历史上的重要人物为线索，让学生听人物故事，讲人物故事，感受巴渝民族精神；另一方面，以巴蜀历史上在科技、艺术、文学等领域取得的伟大成就为脉络，让这些成就的宣传物分散在校园的花坛、廊道上，在耳濡目染中为学生打开认识民族文化、世界文化的窗口。

随着办学的深入，“律美共生”课程理念已深入每一个教师的内心。遵循教育科学，培养学生掌握未来的能力和选择未来的力量是我们办学的不懈追求。学校将用心探索生命与教育的本色，努力为学生多彩的人生奠基。

第五章 写给我们的孩子

孩子,是每个家庭不可或缺的珍宝,是陪伴我们走过教育生活的精灵。在深刻理解了教育的本质与真相后,我们眼中的每一个孩子,就如同跳动的生命之火,每一个都如此不同,每一个又都如此可爱。当我们不再只是把他们作为工作对象,而是看到其内在生命的光彩时,我们才会更加期待每个生命可能会产生的无以伦比的能量。因此,赋予孩子发展更多的可能,便成为最大的教育良善。为了激活每一个生命,我为学生开办国旗下校会课程,用每周一的早晨,为孩子们讲一个真实的故事,一条人生的哲理。一个人,一段文,只求在持之以恒的耕耘中,可以去影响一个人的精神世界与价值选择,哪怕其中的力量只有一点点,但我依然坚持为孩子们讲下去。

漂亮是天赋 教养是选择

开学典礼上，学校大队委呼吁大家要努力做一个有教养的人。一个星期过去了，同学们努力得怎么样了呢？一周来，我高兴地看到同学们在努力，在相互提醒，有着不同程度的进步。但与此同时，我也看到了一些不文明的行为，比如上周三课间，我在大厅里看到有几个同学在地上摸爬滚打，而他们周围都是同学，这样很容易撞到别人或者影响别人行走。我走过去提醒这些同学，不要在大厅玩这种不文明的游戏，同学们听了我的规劝，有的离开了大厅，有的停止了趴在地上的行为，但有那么一两位同学看见我走远了，又开始在地上躺着，在大厅打闹。这说明了什么呢？如果说开始玩的时候没有意识到会影响别人，那情有可原，可经过提醒后答应不在大厅玩闹、不在地上滚爬，就不仅是明知故犯，而且是人前人后的表现不一了。这种行为就不是一个有教养的人的表现。由此可见，判断一个人是不是有教养，不是听他是怎么说的，而是看他是怎么做的，特别是在没有人监督的时候是怎么做的。

还有一些同学对我说，老师，我很想成为一个有教养的人，但是我不知道该怎么做。那么，什么样的人才是有教养的人？请看大屏幕——

(1)有教养的人首先是言行一致的人，希望别人做到的事自己首先要做到。(言行不一会成为伪君子，不被人信任。)

(2)不在公众场合大声喧哗(因为噪音会妨碍别人)，比如在学校、机场、轻轨站、餐厅以及音乐厅。

(3)上完厕所会记得冲水。(因为气味有碍健康。)

(4)上下楼梯会靠右行走。(始终保持道路畅通。)

(5)在走廊行走的时候不会三三两两勾肩搭背。(因为会妨碍别人走路。)

(6)不在运动场以外的地方奔跑。(因为很容易撞到别人。)

(7)上课未经老师允许不随便说话。(因为上课说话会影响别人听课。)

(8)不随地乱丢垃圾。(会影响环境卫生和舒适度。)

(9)放学按时回家,不在外逗留。(不让父母、老师担心。)

(10)热爱阅读。利用一切可以利用的时间和场合读书。我们可以在书中认识许多有教养的人,和他们做朋友。

同学们,教养的核心就是时刻要注意自己的行为举止有没有妨碍别人。我们每个人都没有办法选择自己外表的美和丑、家境的好与坏,但能选择文明,选择教养。当我们在生活中,时刻考虑自己的言行举止有没有影响别人、妨碍别人,然后选择一种不妨碍他人的生活方式,就是有教养的表现。

这个星期,我们将继续观察同学们在校园生活中是怎么去选择有教养的行为方式的。老师希望这些现象不再出现。我相信同学们一定可以做到。

学会爱　表达爱　传递爱

从来没有什么可以羁绊时间的脚步，转眼又是一年的春天来到了我们身边。明天，又是一年一度的“三八国际妇女节”。在这个节日到来时，我首先把最美好的祝福献给所有女教师，把真诚的祝福献给天下每一位无私关爱孩子的母亲，也献给所有千千万万正在为人类社会的进步做着贡献的女性同胞们。

古往今来，有无数的女性用智慧与血泪推进了历史的进步。有替父从军“万里赴戎机，关山度若飞”的花木兰，有写出“生当作人杰，死亦为鬼雄”的女中才俊李清照，有献身科学事业的居里夫人，也有获得诺贝尔奖的屠呦呦。

除了这些流芳百世、驰名中外的巾帼，让我们把视线放回我们熟悉的校园，来看看这些熟悉的身影。每天清晨，当我们沐浴着阳光走进校园时，保安阿姨迎接我们的到来。当我们完成一天的学习时，她们又目送我们回家。她们用亲切的微笑为我们营造一方平安的校园。走进学校的食堂，看看这些阿姨，她们又在做什么？在抽风机的轰鸣声中，阿姨们清洗所有的青菜，清洗所有的餐盘。长年的劳作，使她们的双手变得粗糙。这又是谁？对，是我们的保洁员胡阿姨。在锦绣开办的第二年，她来到了我们校园，每天清洗厕所，清扫走廊，从不间断。校园里还有一群忙碌的人影，那就是我们亲爱的老师，为了 40 分钟的课堂，备课，批改作业，辅导学生，赛课，她们用汗水浇灌每一棵幼苗。

回到家里，餐桌上，妈妈总会为我们摆上香喷喷的饭菜。当我们生病时，妈妈着急万分，恨不得把一切的病痛都为孩子承担。

回顾那一张张熟悉的面容，一个个温馨的场面，我们的内心就有无限温暖。开学以来，学校一直倡导我们“做一个有教养的人”。一个有教养的人，就会表达爱，传递爱，在“三八国际妇女节”到来时，我们应该用什么样的方式，向为我们付出辛勤劳动与真诚关爱的人们送上祝福，并用最好的行动去表达呢？这就是今天，我需要孩子们在讨论中交出的答案。

走进春天里

春天是美好的，鸟语花香，春色满园，万物复苏，到处是一片生机勃勃的景象。人们向往大自然，纷纷走出家门，去感受春天的气息，去亲近土地的生机，去体验春天的美。多漂亮的花，多漂亮的景。想不想春游呀？学校学生发展中心本周正在谋划这件事情。

然而，伴随着人们的出行，也出现了一些问题。在此，我向孩子们提出以下建议：

一、要学会低碳出游

随着工业文明进程的发展，社会文明出现了诸多问题。环境污染、生态破坏、资源枯竭等问题日益突出。为了克服一系列环境、经济和社会问题，特别是全球性的环境污染和生态破坏，1995年，党中央、国务院把可持续发展确定为国家的基本战略，号召全国人民积极参与到这项伟大的实践中。

为响应国家提出的可持续发展的号召，提倡低碳环保的健康生活方式，越来越多的人自觉行动起来，选择了低碳、环保且健康的出游方式。他们要么乘公交、地铁、轨道交通，要么骑自行车，要么步行。然而，还有相当的人没有这种意识，每到出游高峰期，高速公路成了停车场，私家车随便占用救援车道。雾霾、空气污染越来越严重，直接造成呼吸道患者增加或病情加重。因此，我倡议孩子们以及你们的家庭要低碳出游。

二、要学会安全出游

安全重于泰山。无论对国家、团体、家庭或个人而言，安全都是学习、生活、工作的基本保证，出游安全也是如此。然而，因为出游而发生的交通安全事故屡见不鲜，到不安全的地方旅游导致死亡的事件也时有发生。2015年12月31日，一名57岁的中国女游客在印尼巴厘岛海神庙度假村旅游时，从15米高的悬崖坠落，头部受伤而死。还有因为食品、游乐设施或人为因素导致的安全事故也不在少数。因此，我倡议安全出游。

三、要学会文明出游

文明是中华民族的传统美德，也是个人素养的体现，是未来的核心竞争力之一。文明出游是和谐社会的需要，是建设生态文明的需要。然而，高速路堵车，有的乘客干脆下车，跑到农民的地里偷一个大冬瓜扛上车。在很多热门景区，网友晒出的旅游陋习更是比比皆是、五花八门；杭州西湖断桥一带，游客也许是实在等不及排队上厕所了，直接就在绿化带里小便；有些小孩子要方便了，大人随时随地帮着脱下裤子就地解决。国庆期间，前往江苏淮安周恩来总理故居参观的游客还发现，展厅内多块照壁遭到大面积涂鸦，庭院内竹林的多棵竹子上也被游人刻画，“到此一游”刻满竹林。前不久，刚从普吉岛游玩归来的网友冯静“吐槽”，在普吉岛的公共海滩，有些中国游客把饮料瓶随手丢弃在沙滩上，而很多当地居民则主动捡起这些塑料瓶放进垃圾袋。

近年来，中国人一遇长假必谈“文明出游”，可陋习层出不穷。外出旅游成了映照国民素质的一面镜子，因此，我倡议文明出游。

选择有教养的行为

同学们，在第二周国旗下讲话时，我讲到了这样一句话：漂亮是天赋，教养是选择。是呀，每个人容貌的美，是父母所给，是我们无法选择的，也是后天无法改变的。但气质的美，却是可以由我们的举止来决定的。今天，想给大家分享的，是我亲身经历的一个故事。

故事发生在十五年前。那时，我还在渝北实验小学任副校长，学校迎来了一位来自英国的客人，她来参观中国的学校。这一天，我们为客人安排了一次听课活动，听一听孩子们上英语课。课堂上，她用一张餐巾纸擦去了钢笔漏出的墨水，擦完后，这张用过的纸巾，被她一直拿在手上。下课了，为了方便她的活动，同行的老师让她把纸巾放在桌上，她不肯；同行的老师要帮她接过纸巾，她也不肯。她带着这张纸巾，跟我们一起行进到下一个活动场地，直到看到垃圾筒，才把纸巾丢弃。一个简单的行为，却因为她的选择，让我们对她倍增好感与敬意。更何况，她的来访，代表的不仅仅是一位教师，一所学校，而是一个国家。当天，与我们一同参与接待的老师们留下了这样一句话：英国老师的素质真的不一样。在这里，我给孩子们提一个问题，为什么大家会更加尊重这位来客？

让我们再看看。知道这是什么地方吗？对，这张图片呈现的是上海世博会的中国馆。2010年世界博览会在上海举办，在正式开馆的前一周，它迎来了首批客人。与此同时，中央电视台的记者也带着无比的担忧与愤怒，向十三亿国人报道了这些游客在展馆前随处乱丢垃圾、破坏展区环境的行为。

当一张张照片在我们眼前闪过时，我想此刻，眼里看到的不是垃圾，是国民素养呀。

让我们回到自己的校园看看。这是上一周值周老师为我拍摄的画面，拍在什么时间？午间和下午放学。是校园的哪些地方？锦绣的校园，是孩子们的乐园，惠风和畅，绿意葱茏，是孩子们的学园。但今天，此时的我却为这些扎眼的白色垃圾搅得心疼。当我们一次次说到教养是选择时，我不知道，丢出白色垃圾的那一刻，我们丢了什么，选择了什么？如果是新闻记者，他又会满怀隐忧地做出一个什么样的报道呢？当我们一次次讲到自己的行为不妨碍别人才是教养时，当我们一次次讲到教养是要学会表达爱、传递爱时，当我们看到那佝偻的背影终日劳作时，难道我们只能向她们说一声“阿姨，您辛苦了”吗？要知道，这些四处丢下的垃圾会增加她们多少的辛苦呀？会后，让我们再次讨论我们应该如何选择有教养的行为吧。

让教养成为一种习惯

3 月 23、24、25 日，也就是上个星期三、星期四、星期五，锦绣小学迎来了一批远道而来的客人。他们是彭水县火石小学的校长和老师们。在这三天的时间里，客人们深入课堂听课，观看同学们做操，和同学们一起在食堂用餐，对老师和同学进行访谈。学校没有提前告知，也没有特别向同学们强调最近有客人到学校参观。但是，三天的接触之后，客人们一致称赞锦绣小学的学生有朝气、懂礼貌、习惯好，用餐安静有序，地面几乎看不到垃圾，见到客人能主动说“您好”或者“老师好”……这充分说明，教养的种子已在同学们的心里悄悄地生了根，悄悄地发了芽。

上一周是我们尊敬的任校长值周。他在校园的各个时段，拍下了这样一组让我们所有老师都非常欣慰和感动的照片：

(1)摆放得整整齐齐的桌凳；

(2)收拾得十分整洁的抽屉；

(3)一条线摆开的水壶；

(4)有序放置的雨伞；

(5)耐心排队的同学们，不慌张，不打闹，静心等候；

(6)不挑食，不浪费，节约粮食，尊重劳动，选择“光盘”的同学；

(7)排队清理食物残渣、放置餐具的同学们；

(8)坐姿端正，认真听讲，积极发言的同学们；

(9)写字姿势规范，能做到眼离桌面一尺远，胸离桌子一拳，手离笔尖一寸远的同学；

(10)热爱阅读，利用课余时间在书吧里专注地读书的同学们；

(11)友好大方地和客人交流的同学们。

这些照片里，有没有你认识的同学？

他们就是我们身边的榜样呀！这些看起来很小很简单的事情，就是一种有教养、懂礼仪的表现。教养体现在这些平常的生活点滴里，不是一蹴而就的，也不是长大了恶补一阵子就能补回来的。相反，教养是一种习惯，是一种自然而然的做事方法、处事之道。因此，同学们的教养要从小养成。因为，教养是不用别人提醒，自己就能做到的一种习惯。

还记得这本小册子吗？它是我们的《好习惯养成手册》。这本手册每个同学都有，手册里向我们提出了在家和在校的一些好习惯要求，自己对照测一下，你能做到多少条？希望同学们严格自律，让教养成为一种习惯！

今天，我们的锦绣校园里又迎来了两批特殊的客人。他们分别是彭水县火石小学的数学老师们和重庆电视台的叔叔阿姨们。对待客人，我们要格外热情，有礼貌，主动向客人问好，主动回答客人的问题，你们能做到吗？

今天，电视台的叔叔阿姨将要为我们拍一部关于锦绣儿童礼的电影，还特别邀请了可爱的叮当猫参加演出。拍摄的过程中，有很多需要全校同学配合演出的镜头，要求大家不笑场，每一个镜头都认真配合，做最好的小演员，你们能做到吗？

为了拍好这部电影，叔叔阿姨准备了很多拍摄的仪器、灯光、道具，这些东西不能碰，不能玩，同学们不能围观表演现场，你们能做到吗？

国旗下讲话结束后，我们校园微电影就要马上开拍，这将直接检验同学们能不能说到做到。

读书，让我们拥有教养

本学期，教养成了一个关键词。一学期以来，我们围绕这个词开展了各种各样的教育活动。我们知道，教养是有礼貌的一声问候，教养是有品德的一种行为，教养是校园内没有白色垃圾，教养是同学间的相互关爱。今天，老师要继续和大家从另一个角度聊聊教养的形成，那就是读书可以滋养我们的教养。

有人说，一个人的教养成长就是一个人的阅读成长。说到读书，在华夏五千年文明史上，有一本书影响了整个民族。什么书？对，《论语》，半部《论语》治天下。是谁写出了这样一本经典著作？同学们都知道，孔子是我国著名的教育家、思想家，他从小就爱读书。晚年时，他得到一部好书——《易经》，认真地读了一遍又一遍，以至竹简的牛皮带子都磨断了好几次。如此认真的阅读态度成就了一代圣人，他的思想及学说对后世产生了深远的影响。因此，后人尊称他为圣人。所谓圣人，便是教养中的大成者。

再来看另一位伟人，你们认识吗？他叫富兰克林，以实业家、科学家、社会活动家、思想家、文学家和外交家等多重身份闪耀于美国18世纪的历史舞台。富兰克林8岁入学读书，虽然学习成绩优异，但由于他家中孩子太多，父亲的收入无法负担他读书的费用。所以，他10岁时就离开了学校，回家帮父亲做蜡烛。富兰克林一生只在学校读了这两年书。12岁时，他到哥哥詹姆士经营的小印刷所当学徒，自此当了近十年的印刷工人，但他的学习从未间断过。他从伙食费中省下钱来买书，同时，利用工作之便，他结识了几家书店的学徒，将书店的书在晚间偷偷地借来，通宵达旦地阅读，第二天清晨便归还。他阅读的范围很广，从自然科学方面的通俗读物，到著名科学家的论文，他都读。广泛的阅读使他终于获得成功。

读书让人进步，读书让人成功。在我们锦绣小学的校园里，我们读到了这样的名言：读书滋养灵性。在校园里，同样也有许多爱读书的孩子。看，在一楼的图书角，有几位同学正捧着书读得津津有味，周围有来来往往的脚步声，操场上有喧闹声，可他们没有被这一切打扰，因为他们沉醉在书的世界里。

读书不仅可以使我们掌握科学文化知识，还可以使我们的心灵更加丰富。我们在书中学习海伦·凯勒乐观坚强的意志，我们在书中学习德兰修女悲天悯人的情怀，我们在书中学习布鲁诺尊重科学的精神……读书使我们成为善良的人，有修养的人，热爱科学的人。

同学们，走进四月，我们来到了以阅读为主题的活动月。在这个月里，丰富的活动与平台等着我们去展示，你们想去吗？那么就赶快行动吧。去年级书吧，去班级书吧，你可以在学校里自己读，可以和爸爸妈妈在家里一起读，还可以在外出旅行时带上自己心爱的书……文明公民，阅读为荣。你想在读书月里做什么、怎么做呢？让聪明的你将答案带到班级的晨会课堂吧！

同学们，当我们的指间浸满淡淡的书香时，当琅琅的读书声回荡在我们校园上空时，相信你们的心灵也会因此纯洁高尚起来，我们的校园也会越发美丽！

尊重，也是一种教养

上一周，在国旗下我和孩子们聊了读书的话题，不知道是否有越来越多的孩子已经走在阅读的路上。校园里，我们以书为伴，可以收获成长。校园里，我们还要与同学为伴，可以收获很多的友谊与快乐。这份快乐，常常需要两个字来帮助我们获取，那就是尊重。今天，我想和同学们聊的话题是尊重，我希望同学们都能做一个懂得尊重的人。

到底什么是尊重呢？其实很简单，就是你希望别人怎样对你，你就怎样对别人。比如，你希望别人对你有礼貌，你就要对别人有礼貌；你希望别人不乱翻你的抽屉，你就不要乱翻别人的东西；你不希望被别人取外号，你就不要给别人取外号；你不喜欢别人推搡你，你就不要推搡别人；你不喜欢别人骂你，你就不要骂别人……同学们，只要我们能做到将心比心，换位思考，懂得尊重，同学之间就可以相处得更加友好。

可是，有很多人认识“尊重”这两个字，却没有真正理解它的含义，不能把尊重变成自己的行为方式和习惯。于是，一些鸡毛蒜皮的小事，却造成了许多误会，甚至酿成一场事故、一场灾难。在我们的锦绣校园里，我看到我们的孩子课间活动时，有人为了好玩，故意藏起同学的书本文具，害得同学四处寻找；音乐课上，有的孩子无视老师的存在，公然与同学对骂；管乐课上，有人说同学是胖子，于是，一场打斗发生在了两人之间；在家长开放日的体育课上，有人不小心踩到了同学的脚，两人无视课堂纪律，互相抱着摔打。老师刚才描述的这些事情，都是曾经真实地发生在锦绣校园中的事情。那么，在你和小伙伴之间，是不是也常有这样的事发生呢？

在深圳某小学曾经发生过这样一件事。一群五年级的孩子在操场上打篮球，同学小林不小心碰到了另一个同学小田的脑袋，小田冲口而出骂了一句"笨猪"。矛盾冲突便升级了，第二天，被骂的孩子小林找来了三个同学，把骂他的小田揍了一顿。在混乱中，小田被狠狠地扇了几耳光。过了几天后，小田告诉妈妈，耳朵里一直嗡嗡嗡地响。小田妈妈立即将他送到医院，医生诊断，小田的右耳鼓膜穿孔较大，不能手术，右耳耳聋，一辈子都无法恢复。小田妈妈把小林和另外三个同学以及他们的爸爸妈妈告上了法庭。法院认定，四个同学的行为构成故意伤害罪，因为未满十四岁不承担刑事责任，但四个同学的监护人（即他们的爸爸妈妈）要承担小田治疗的全部费用，并赔偿精神损失费共计180万元。同时，这四个孩子要送到少管所管教。

因为不懂得尊重，不愿意谅解和包容，小田随意地辱骂别人，招致的后果是自己的右耳永远地聋了；因为不懂得尊重，不愿意谅解和包容，小林和另外三个同学，付出了失去自由的代价，他们的家庭承受了巨额的经济赔偿。

讲完这个故事，我想起了上学期和大家分享的希拉里的故事。还记得吗？卡尔森嘲笑希拉里的书不会有人买，并说如果销量超过100万本，他就把鞋子吃下去。可是没过几天，希拉里的书销量就超过了100万本。全美国人都在等着看卡尔森会不会兑现自己的诺言。希拉里选择了用宽容和智慧去化解矛盾，她将心比心，换位思考，没有逼迫卡尔森兑现承诺，吃掉鞋子。她给予卡尔森的是尊重，所以她也迎得了广大民众对她的尊重。

同学们，你希望得到别人的尊重吗？那么，请首先做一个懂得尊重的人。

什么是尊重？将心比心，换位思考。你喜欢别人怎么对待你，你就怎么对待别人。反过来说就是：你不喜欢别人怎么对待你，你也不能那样对待别人。

中国有一句俗语：牙齿和舌头还有打架的时候。意思是说，我们朝夕相处，天天相伴在一起，难免会有产生误会、产生矛盾的时候。当出现误会和矛盾怎么办?

将心比心，换位思考，用尊重和宽容消除误会、化解矛盾。你喜欢别人怎么对待你，你就怎么对待别人。你不喜欢别人怎么对待你，你也不能那样对待别人。

同学们，一个懂得尊重别人的人一定是有一个教养的人，是一个受欢迎的人，这样的人一定会收获更美好的生活。

整洁，是习惯，也是教养

同学们，时间过得真快。今天，已经是开学的第十周了。十周，说明我们已走过了半个学期。在这半个学期里，我们享受春光的明媚，感受运动的激情，播种童年的种子，不知不觉，半期考试也悄悄向我们走来了。说起考试，今天，我想跟大家分享的是浙江外国语学校一场特别的考试。这个考试是学校对同学们的抽屉整理情况进行了突击检查，记录为半期考试的得分。这是一场特别的考试，外国语学校的校长说出了一个很有意思的道理：小抽屉，大学问；小行为，大习惯。一屋不扫，何以扫天下；一盒不收，何以平天下。

当我听到这样的观点时，我想到了两个孩子。

有一个孩子，叫李小江，是重庆某小学的学生。他是怎样的情形呢？上节课发的试卷，下节课老师要讲评了，他竟然找不到。即使找到了，也是一团纸，打开来是皱巴巴的。他的抽屉里，乱七八糟的东西很多，放着一件衣服，各种课本、练习本交叉放着，还有好多空牛奶盒和塑料袋，擤过鼻涕的餐巾纸扔得每个角落里都有。要找一本作业本，得把抽屉里的东西都拿出来，像摆地摊一样。教室后面，每个孩子都有一个书包柜，为了保持教室的整洁，老师要求书包是不允许放在课桌里的，但这个李小江，却经常把大黑书包放在脚下。李小江是怎么说的呢？“我老是会忘记把课本拿出来，每次到书包柜里拿书比较麻烦，就把书包放身边了。”

讲过了李小江，让我们认识另一个大同学吧。认识他吗？他是去年重庆市的文科高考状元刘楠枫，以 704 分的成绩考取了北京大学。他的抽屉无论什么时候都是整齐的。不管你问他要什么资料，他都能准确说出它在抽屉中的位置，并且第一时间取出。照他自己的理论，就是“抽屉整齐，脑子清爽”。

抽屉里放的仅仅是物品吗？乱糟糟的桌面，意味着杂乱无章的头脑；而一切物品有序的背后，意味着自律、严谨、勤劳、认真、爱惜等好多好多美好的品质呀。

善于整理书包、课桌和自己物品的学生，责任感肯定是很强的。他们做事也是很认真的。对班级有爱心，对他人有尊重。善于整理的孩子，到了高年级，学习的知识变多了，需要经常去梳理，这时候脑子也好似一个抽屉。学生需要有好的习惯，把知识梳理好。养成物品归类的习惯，可以培养出对于知识的归类意识。

也正因如此，清代李玉秀编著的一本培养行为规范的经典《弟子规》留给了我们这样一段话，让我们一起读出来吧：“房室清，墙壁净；几案洁，笔砚正；列典籍，有定处；读看毕，还原处。”

对于我们小学生来讲，我们的抽屉里，一般会放餐巾纸、双面胶、跳绳、水彩笔、课本、练习本、学习资料、文具盒、卷笔刀等物件。你们会怎样去管理呢？请同学们去找到答案吧！

小细节 大教养

香港著名作家李碧华说，看一个国家的国民素质，要看它的公共厕所。的确，公共厕所最能体现社会的文明程度。出门在外，总要上公共厕所，肮脏的公共厕所让人觉得讨厌、不舒服。特别是在旅游景点，刚刚欣赏了美景，转眼就让气味难闻的公共厕所破坏了心情。但事实上，我们经常不得不去肮脏的公共厕所，有时甚至不得不捏鼻子。

同学们，我们中国有五千年的文明史，号称礼仪之邦。但就是有那么一些人，上厕所不冲水、不洗手，甚至小便不入池。外国人到中国来旅游，抱怨最多的就是公共厕所的卫生。有些中国人去国外旅游，还把这种不文明行为带到了国外，导致外国人认为中国人不讲卫生，不文明，没素质。2007 年，武汉大学评选校园十大不文明行为，其中“上完厕所不冲水”被认为是最不文明的行为。上个月，有位大学教授也对我说：“每到一所学校，我都特别注意观察上完厕所的学生有没有冲水，有没有洗手。”那么，在我们锦绣小学，有没有这种不文明的行为呢？有多少人上完厕所不冲水，不洗手呢？

上周五，学校学生发展中心和卫生保健室对锦绣小学学生上洗手间的卫生习惯进行了抽样调查，共观察了 40 位同学。调查结果让我们所有老师的心情都很沉重。在锦绣小学，上完厕所不冲水的学生占 52.9%，也就是说，有一半以上的学生上完厕所没有冲水，其中男生不冲水的比女生要多近 20 个百分点。虽然学校负责清洁的后勤工人每天都要冲洗几次厕所，可有这么多的学生便后不冲水，还是导致厕所的气味很难闻。所以，很多学生不愿意使用教学楼的厕所，而要跑到远一些的办公楼上厕所。调查还发现，便后不洗手的学生达到 44%，比不冲水的人要稍少些，其中男生不洗手的又比女生多 3 个百分点。

同学们，上完厕所要冲水，要洗手，是最基本的卫生要求。如果你上完厕所不冲水，不洗手，不仅是一种极其不文明的行为，还会传播疾病，有害健康。可能有些人认为这些都是个人生活小节，但往往小节最能体现一个人的素质，我们万万不能忽视 。

1987 年，75 位诺贝尔奖得主齐聚巴黎，记者问其中一位诺贝尔奖获得者："请问您在哪所大学学到您认为最重要的东西？"这位白发苍苍的老者平静地说："在幼儿园，我学到把自己的东西分一半给小朋友，不是自己的东西不要拿，东西要放整齐，吃饭前要洗手，做错事要表示歉意。"这位科学家说的每一件事似乎都是生活小事，是每个人都可以做到的小事，但他的回答，却得到了在场所有科学家的普遍赞同。这恰恰说明了小节可以成就大事，良好的行为习惯对人生有着决定性的意义。

同学们，行动起来吧，告别不讲卫生的不良行为，用自己良好的行为习惯展现锦绣小学学生的风采吧！

让艺术陪伴我们成长

每年的初夏五月，无论是渝北教育系统，还是我们锦绣校园，都是忙碌而充实的日子。因为这一个月是孩子们的艺术活动月。说到艺术，你们认为什么是艺术呢？

我们开办的班级合唱是艺术，管乐演奏是艺术，美术创作是艺术，书法摄影是艺术。其实，艺术像一朵漂亮的鲜花，散发着迷人的香气。艺术，离我们很近，很近。你看校园里那一株株经过精心修剪的植物，形态各异，别致美观，那是一种园林艺术；花瓶里插的一株株花是艺术；所有能带给人美的享受的事物皆是艺术。我们的生活处处充满艺术，艺术时时装饰着我们的生活。艺术，不仅愉悦我们的生活，也陶冶我们的身心，让我们在艺术熏陶中成为情趣丰富、品格高雅的人。

因为艺术在个人发展中的独特作用，古今中外很多著名的发明家、数学家和科学家，还有我们国家的领导人，他们在追求个人事业的发展中，都始终保持着自己的艺术特长，这些艺术特长对他们成为伟人增了光，添了彩。

爱因斯坦的艺术特长是拉小提琴和弹钢琴。他六岁开始学小提琴，爱上了莫扎特的小奏鸣曲。三十多岁时，对巴赫、莫扎特和贝多芬的曲子都非常喜欢。每当遇到了困难，他就拿起琴弓，那优美和谐、充满想象力的音乐有助于他对物理学的深思，引导他在数学王国进行自由、创造性的遐想。爱因斯坦不但小提琴拉得好，而且还弹得一手好钢琴。最动人的情景是他常常同普朗克在一起演奏贝多芬的作品。古希腊数学家毕达哥拉斯，在西方首次提出了“勾股定理”。你可知道，他很擅长演奏拨弦乐器，在音乐理论研究方面也颇有成就。他最早从理论上探索了音乐和数的关系。还有我国著名的地质学家李四光，他不仅在科学上有很深的造诣，而且热爱音乐。1920年，他在巴黎创作了中国第一首小提琴曲《行路难》。有“东方水稻之父”称誉的袁隆平在国家最高科技奖的颁奖晚会上演奏了这首乐曲。

从这些名人的故事中，我们再一次感受到，艺术是可以触动人的灵魂的，是人们心灵的溶化剂，也是我们解除疲劳、愉悦身心的最好方式之一。如果我们略通一点音乐、美术、书法等艺术，无疑会给我们的生活增添一些色彩，使心灵得到升华，使生活充满阳光。孩子们，你有自己在艺术领域的兴趣与爱好吗？是什么呢？在班会课上可以大胆讲一讲。

锦绣小学自开办以来，一直重视艺术在孩子成长中的作用。学校为孩子们举办了各类兴趣班，舞蹈队、合唱团、彩泥组、工艺组、绘画组、书法组、语言社等等。还有好多同学也在各类社会艺术机构参加艺术特长的学习。每年的五月，校园为大家搭建了丰富的展示平台。一年一度的班级合唱比赛，从办学第一年的“锦绣好声音”，到连续两年的“我要上元旦”，再到今年的“我要上六一”、书画展览，甚至还有热爱摄影的爸爸妈妈们，也将参与到家长摄影展中来。在过去的艺术活动中，孩子收获成长，那么，在正在进行着的精彩五月里，孩子们，你正在做什么，想要做什么呢？把你的答案讲给班里的同学听听吧，让我们一起去享受艺术的快乐。

艺术点亮生命

这一周，我们继续聊聊有关艺术的话题。上一周，我们讲了艺术对每个人的生活与生命发展的独特作用。孩子们在班会课上，纷纷交流了自己的艺术爱好和自己参加艺术展示与表演的想法。在上周的“我要上六一”复赛场上，我看到了好多同学在艺术学习上的成长与进步，比如向津瑶、余拿云、曾予宸、刘一蔓等等。艺术是生活中的阳光、空气，但艺术创造的道路却从来就不是一帆风顺的。学习艺术的路上，总会有这样那样的困难。你们在艺术学习的路上，遇到过哪些困难？可能因为学习艺术，我们会发现学习语文、数学的时间少了，似乎影响到我们语文、数学的学习；学习艺术，可能会与父母对我们的期望相矛盾，也许自己的梦想是当舞蹈演员，当歌唱家，但父母希望我做一个普通的公务员。也许，在学习艺术的道路上，会有很多自己一时解决不了的拦路虎，比如，一个舞蹈动作总是完成不了，一幅绘画作品不被认可，一首歌唱出来总缺少感染力，而自己却解决不了这个问题。于是，我们便少了自信，少了继续前行的力量。或者在乐器学习中，书法学习中，因为枯燥而无法坚持，选择了放弃。

其实，这些问题对于任何一个艺术追求者来说都是不可避免的，让我们来分享一个故事。

随着法国作曲家拉威尔的《波莱罗舞曲》悠然响起，一位手拿红色芭蕾舞鞋的小姑娘出现在2008年9月6日晚“鸟巢”的聚光灯下。她，就是在汶川地震中失去左腿的“芭蕾女孩”李月。坐在轮椅上，李月圆了自己的“芭蕾梦”，继续着自己“永不停跳的舞步”。11 岁的李月来自北川县曲山小学，她爱好跳舞和画画，从小就梦想着成为一名舞蹈家。然而 2008 年 5 月 12 日，突如其来的地震将小李月压在了废墟之下，也毁掉了这个孩子一生的梦想。求生的本能，跳舞的梦想，支撑着李月在废墟下度过了 70 多个小时。5 月 15 日上午，为了挽救生命危在旦夕的李月，救援人员在无奈之下，做出了给她截肢的决定。人们很难忘记那一幕：在废墟里，满面尘土的李月睁开大大的眼睛，向救援队员喊：“叔叔不要锯掉我的腿，我还要跳舞！”经过一场艰苦卓绝的生命接力，这个女孩顽强地挺了过来。在医院，她对亲人说的第一句话是：“我身边的同学都不在了，但是我一直想着跳舞，就坚持了下来！”灾难夺走了李月的左腿，却没有让她的舞蹈梦想屈服于残酷的命运。追梦的过程是艰辛的，但李月从未放弃过自己对芭蕾、对梦想的追逐。

2008 年 9 月 6 日晚，李月终于在“鸟巢”重新起舞，双手高举红色芭蕾舞鞋。醒目的红舞鞋在“鸟巢”的舞台上跃动——那是李月追逐梦想的脚步，一只“永不停跳的舞鞋”。

路德维希·范·贝多芬一生中，贫困、疾病、失意、孤独等种种磨难折磨着他，其中最大的灾难是耳聋给他带来的痛苦。贝多芬 28 岁时，由于疾病，听觉开始减退，到了 48 岁，再优美的歌声他也听不见了。他只能用书写的方式来和别人交流。

即使这样，贝多芬仍进行着创作，他的不朽名作——九十部交响曲的后七部，都是在失聪的情况下完成的，而其中的第三、第五、第六和第九部交响曲被认为是永恒的杰作。

他用敏锐的观察力来感受人类、社会和大自然。为了创作一部曲子，他经常花几个月甚至几年的时间反复推敲，精心锤炼。例如第五交响曲的创作，他就花了八年的时间。

贝多芬在给他的兄弟卡尔和约翰的信中，倾诉了耳聋给他带来的莫大的痛苦以及他战胜疾病的决心：“在我身旁的人都能听到远处的笛声，而我却听不到，这是何等的耻辱啊！这样的情景曾把我推到了绝望的边缘，几乎迫使我结束了自己的生命。但是,我的艺术,只有我的艺术要我活下去。"贝多芬在这种困境中曾大声疾呼:"我要扼住命运的咽喉,它不能使我完全屈服!"为了艺术,他战胜了一切不幸。他说:"牺牲,永远把一切人生的愚昧为你的艺术去牺牲! 艺术,这是高于一切的上帝。"

艺术家克服重重困难,以坚强的意志去实现自己的艺术理想的故事数不胜数,比如:《千手观音》的表演者邵丽华,画家达·芬奇、齐白石,歌手宋祖英、钢琴王子李云迪等等,孩子们还可以去交流分享。

其实,在我们校园里,我们的身边也有很多坚持走在艺术学习路上的孩子,并且在艺术学习中,也在努力克服重重困难。老师真诚地祝愿所有热爱艺术的孩子,去收获精神的成长,与艺术为伴,让自己更加优秀。

拥有阳光，拥有健康

又是新的一周了，今天，你的心情好吗?

心情好，不仅仅是一种情绪。其实，在好心情的背后，是我们的心理素养。因此，很多学校就把培养学生阳光、豁达的心理品质作为核心素养的目标。比如，北京清华小学给同学们提出要有阳光心态，巴蜀小学将豁达的心态定为每个孩子的成长目标。阳光、豁达的心态，在我们的成长中究竟有多重要? 今天，老师就以“拥有阳光，拥有健康”为主题，和孩子们聊一聊。

美国有一位医学博士叫大卫·霍金斯，他长期从事癌症的治疗。最近他发表了这样一个研究成果：人体有一种特殊的能量，形成一种振动频率的磁场。健康人的振动频率在200以上，但他从医治的全国各地的病人身上发现，这些病人失去了爱，只有痛苦、怨恨、沮丧包裹着他们。在极强的负面意念下，这些人的振动频率远远低于200，他们通常喜欢抱怨、指责、仇恨别人。当一个人有很多负面意念的时候，伤害的不仅是他自己，也让周围环境变得不好。他从医学的角度告诉我们，意念是很不可思议的，它对人的健康有很大影响。这里的意念，其实就是我们的心理状态。

日本大提琴家夏恩患癌后试图与疾病斗争，但感觉越来越糟。他调整心态，决定爱身体里的每一个癌细胞。他视癌症剧烈的疼痛为叫醒服务，致以祝福和感谢。他发现这种感觉很好。接着，他决定爱生活的全部，包括每个人、每件事。一段时间后，出人意料的是癌细胞竟全部消失了。后来他成了日本家喻户晓的治疗师。这便是生命的本质——爱。

看过这本在20世纪初期风靡世界的书吗？这本《水知道答案》是日本作家江本胜的著作。他在研究水的结晶时发现，水可以对听到的声音产生不同的反应。当水听到“谢谢”时，水的结晶非常清晰地呈现出美丽的六角形；但当水听到“混蛋”或者“烦死了”时，水的结晶破碎而零散。孩子们，构成人体的百分之六七十的部分是什么？其实就是水。这些水分都会在不知不觉中受到我们心理状态的影响，当我们表达爱与感谢时，不仅是我们自己，还有接受这些表达的人，都会因美好的情感受到有益的影响。所以，我们更应该多一些爱与感谢，用积极阳光的心态传递更多赞美与感恩。

生活中，每一天的事情，从不同的角度看，都会有不同的感受。有这样一个故事。一对老夫妇，他们家中有两个孩子，一个卖雨伞，一个卖西瓜。遇到下雨时，乐观开朗的老爷子很高兴，因为儿子的雨伞好卖。遇到天气放晴时，他高兴儿子的西瓜有好价钱。但悲观的老太婆却不一样，遇到下雨，她担心卖西瓜的儿子；遇到天晴，她担心卖雨伞的儿子，终日里抱怨天气不好，指责命运对自己不公。这个故事里，谁拥有阳光的心理呢？谁会有更高能量的振动频率？谁体内的水会结出漂亮的晶体呢？

我们生活在校园中，每天总会有许多与同学、与老师交流的机会。我们又应该如何让自己在与别人交流的过程中，保持阳光心态，拥有健康呢？

爱拼才会赢

拼搏是强者的凯歌。鲤鱼不甘于水底的平凡，奋力一搏，跃过龙门，冲到生命的最高点；雄鹰不甘于大地的平坦，在山头振翅一搏，终于翱翔于众山之巅；小溪不甘于涓涓细流，在岩石面前奋力一搏，终于冲向了大海。精卫填海，刑天舞戈，愚公移山，历史只留下这些敢于拼搏的强者的足迹。

拼搏是成功的阶梯。成功需要用拼搏去交换，用激情去超越。有位哲人说过：拼搏的人，常把高山当平地，而慵懒的人，却常把平地当高山。在通往彼岸的人生路上，甘心被厄运摆布的懦夫永远领略不了“会当凌绝顶，一览众山小”的喜悦。

拼搏是不竭的动力。跳水名将伏明霞在为亚特兰大奥运会做赛前准备时，大大小小的伤出现在她的身上，但是，顽强的拼搏精神驱使着她，坚强的斗志激励着她。她把一切抛诸脑后，带伤训练。正是因为有了这种拼搏精神，她才创造了中国跳水界的辉煌。

在上周结束的全区田径比赛中，我们学校有八个同学参加了这次运动盛会。他们是：六年级一班的田维维、盛慧琳，三年级三班的周怡雯、王艳洁，三年级一班的王晨曦，三年级二班的吴昊燃、朱彦忱，三年级六班的汪思宇。这次比赛，只分了小学组、中学组、高中组三个级别。锦绣小学作为一所开办不到四年的学校，六年级只有一个班。除了两个六年级的女同学，我们的参赛队伍基本由三年级的同学组成。虽然与其他学校五、六年级的选手比起来，我们的个头小了一大截，但我们的拼搏精神一点不比他们差。

瞧，100 米女子短跑，田维维一马当先，以快于对手四五米的距离稳夺第一。800 米的长跑对三年级的孩子来讲很累，但王艳洁却迈开步伐，勇敢向前，在最后一圈时，追过了四名对手，获得了第五名。而且她是在大雨倾盆下奔跑，是和六年级的大同学对决，这个第五名值得骄傲。三年级的小男生吴昊燃也获得了 800 米第六名。同样是和高年级的同学对决，周怡雯取得 400 米第四名、60 米第六名的好成绩，而且是在 400 米比赛结束不到 15 分钟的情况下参加 60 米决赛。在女子 4×100 米的比赛中，我校运动员以超出第二名将近 10 米的绝对优势获得第一名。在这两天的运动赛场上，我们的选手用汗水、用勇敢书写了锦绣学生的体育精神，带给我们无限感动。强大的精神力量，也让锦绣小学在此次运动会上取得了办学以来最好的成绩。

精心耕耘，静待花开。每一份成绩的背后，一定是用辛勤的汗水去浇灌的。“六一”儿童节这天，你在哪里？和爸爸妈妈享受属于你的节日去了吧，而田径队的孩子在哪里？这一天，他们回到了学校，坐在体操垫上压腿，奔跑在运动场上训练。哪一个孩子不想去享受节日？但放弃，对她们来说是一份责任，更是一种令人敬佩的优秀。其实，除了儿童节，每个周末，他们都没有间断。他们在星期六、星期天回到安静的校园，参加训练。因为白教练说，训练一天都不可以间断，可爱的孩子们用顽强的意志做到了。在这个过程中，擦破皮、摔伤脚是训练中常有的情况，可孩子们从不流泪。今天，当我们看到这份喜人的成绩时，我们必须知道，田径队的孩子用自己的行动为我们诠释了一个人生的真理：成长的道路总是充满挑战，面对挑战，我们的唯一选择是行动。拼搏的人，常把高山当平地，而慵懒的人，却常把平地当高山。

学会助人为乐

在快乐的“六一”儿童节里，你们参加了一次很有意义的爱心义卖活动。此次活动，是由四一中队的小朋友发起的。在一次红领巾社区活动中，他们去了江津区嘉平镇紫荆村小学，和这所学校的7名留守儿童进行了联谊。其中有个脸上带有胎记的小女孩，给大家留下了深刻的印象。小女孩名叫陈燕，今年8岁，父母离异后，母亲一直杳无音信。父亲在外打工，多年不曾返家。爷爷过世了，她跟着残疾的婆婆生活，平时的饮食全靠邻居帮助解决。小女孩的不幸引起了他们的同情，返校后，该班曾子耕同学向全班同学发出了“帮助留守儿童找到更有希望的人生出口”倡议书。为了帮助这个孩子，大家决定每人每月节约2元零花钱，全班凑足100元定向捐助，直到四年级一班的同学们毕业。虽然对于一个苦难的孩子来说，这点钱不足以改变她的生活现状，但这份爱，也可以让她的心得到一份安慰。其实，在学生中心发起的红领巾社区活动中，好多同学都参与了关心社会弱势群体的活动。这是三年级六班蒲公英中队前往南岸区福利院看望老人，这是二一中队阳光天使小队牵手智障儿童康复中心的自闭症孩子。

赠人玫瑰，手留余香。我们去帮助别人，别人得到了快乐，我们也因为别人的快乐而有一种幸福感。那么帮助别人，是否就是一定要像我们刚才讲到的爱心小队的孩子那样，去寻找一个需要帮助的对象，然后干一番有影响力的好事呢？其实不然。在香港大学，有这样一个真实的故事：2009年9月22日，香港大学颁发“荣誉院士”时，把“荣誉院士”称号授予了外号叫“三嫂”的 82 岁扫地老太袁苏妹。三嫂从未接受过学校教育，也不知道什么是“院士”。她一生只会写 5 个字，也没有惊天动地的伟业。她曾在港大食堂服务 44 年，担任服务员及厨师。她对住宿生的照顾无微不至，除起居饮食，也关心学生的身心健康成长，是“宿舍灵魂人物”。有学生发烧，她会主动送药、煲粥；学生温习功课至深夜，她会为其预留晚餐；学生遇到烦心事，会找三嫂倾心交谈……多数时候，三嫂只是耐心地听完故事，说一些再朴素不过的道理，如“珍惜眼前人”“将不开心的事忘掉”等等，或是请他们喝瓶可乐。在颁奖台上，这位 82 岁的普通老太太被称作“以自己的生命影响大学堂仔生命”的“香港大学之宝”。

同学们，在生活中，我们每个人都有两只手，一只手用来帮助自己，一只手用来帮助别人。帮助别人并非要把行为放在光鲜的聚光灯下，我们的爱可以在很多平凡的小事情中去传递，比如，看到正在滴水的水龙头或大白天还亮着的电灯，随手将其关掉，这是关爱我们的学校；看到地面脏了或有纸屑，我们动手打扫一下，这是关爱我们的环境；看到同学不舒服了，去问问有什么需要帮忙的；看到别人正在学习或休息，我们不能吵闹，要保持安静，这是关爱我们的同学……这些都是一些小事，我们完全可以做到，何乐而不为呢？

向科学家学习

首先，向在科技嘉年华系列活动中获奖的同学、老师和班级表示祝贺，没有获奖的同学也不用遗憾。我们参与其中，也收获了体验和感悟，这是我们成长的足迹。

孩子们，在我们学校举行科技嘉年华活动的同时，有一位85岁高龄的老奶奶在瑞典发表了一场精彩的演讲。

她是谁？有知道的吗？对，她就是2015年诺贝尔生理学或医学奖得主——中国女药学家屠呦呦。她发现的青蒿素，将中医学推向世界，挽救了数百万人的生命。这是中国科学家凭借在中国本土进行的科学研究，首次获得诺贝尔奖。这是中国医学界迄今为止获得的最高奖项。

为什么屠呦呦可以在平凡的岗位上大有作为呢？

或许我们可以从她说过的一句话中找到答案："一个科技工作者，是不该满足于现状的，要对党、对人民不断有新的奉献。"1967年，39岁的屠呦呦临危受命，被任命为"523"项目中医研究院科研组长，开始了征服疟疾的艰难历程。要在设施简陋和信息渠道不畅的条件下，短时间内对几千种中草药进行筛选，其难度无异于大海捞针。但这些看似难以逾越的阻碍反而激发了她的斗志。通过翻阅历代本草医籍，四处走访老中医，甚至连群众来信都没放过，屠呦呦终于在2000多种草药中整理出一张含有640多种草药、包括青蒿在内的《抗疟单验方集》。可是在最初的动物实验中，青蒿的效果并不明显，屠呦呦的寻找也一度陷入僵局。成功，是在190次失败之后。

1971 年，屠呦呦课题组在第 191 次低沸点实验中发现了抗疟效果为 100% 的青蒿提取物。这些成就并未让屠呦呦止步，针对青蒿素成本高、对疟疾难以根治等缺点，她和她的团队又用了 21 年的时间发明出双氢青蒿素。

同学们，今天我们看到的是屠呦呦领取诺贝尔奖的辉煌。探寻辉煌背后的故事，更让我们感受到每一项科学成果都来之不易，更令我们感动的是老一辈科学家百折不挠、不达目的誓不罢休的坚守和执着！是安守清贫、默默耕耘、淡泊名利、潜心研究的宝贵品质！是造福全人类的无言大爱！

下面，让我们一起来看一组照片。这是屠呦呦在瑞典卡罗林斯卡学院诺贝尔大厅用中文发表的演讲。然而，在演讲现场有一幕很多人没有注意到的场景：演讲会的主持人，诺贝尔医学奖评审委员会委员、瑞典卡罗林斯卡学院安德森教授在屠呦呦演讲全程中，一直跪在地上，一只手从后面扶着屠呦呦，另一只手为屠呦呦拿着话筒，30 分钟一动未动。安德森教授这种"跪扶"是对科学的尊重，是对终生不渝耕耘在科学道路上的科学家的尊重，堪称史上"最美跪姿"！

屠呦呦是我们每一个中国人的骄傲！是我们每个人学习的榜样！也许我们并不能像屠呦呦那样获得这么高的荣誉，可她坚持不懈，遇到失败和困难勇敢面对的精神品质值得我们学习！对照自己，当我们在学习和生活中遇到一点点的挫折和压力时，有的同学就叫苦不迭，轻言放弃。严寒的冬天来临，我们能不能按时到校、坚持锻炼？在紧张忙碌的复习中，我们在学习上有没有尽力？面对学习和生活中的困难，我们的选择是挑战还是退缩？我们应该从科学家身上学习些什么？这些问题留给孩子们回到班级讨论交流。

比天空更宽阔的是人的胸怀

2000 多年前的一天，孔子的学生子贡问他："老师，有没有一个字，是我们在一生当中都要去遵守的，是必须终身奉行的呢？"孔子说："那大概就是'恕'吧。""恕"字，就是上面是一个如果的"如"字，下面加个"心"。孔子当时所说的"恕"，用今天的话来讲，就是宽容。宽容是我们一生都要努力去做到的。2003 年，美国的希拉里，也就是现在的美国国务卿、2016 年美国总统大选候选人出了一本自传。很多人当时都在想，她这本书肯定卖得不好吧。美国著名的电视节目主持人卡尔森也认为她的书不会有多少人买，并在电视节目中扬言："我敢打赌，如果销量超过 100 万本，我就把鞋子吃下去。"

但是同学们啊，上天往往喜欢捉弄那些轻视别人的人。没过多久，希拉里的书的销量就超过了 100 万本。这下子，主持人就变得很尴尬了。全美国的人都在看着他会不会兑现自己的诺言。他会不会当众把鞋子吃下去呢？同学们，你们说他会不会吃呢？

但是问题来了，他亲口在电视节目里说的，全美国人都知道。如果他不吃，他就变成说话不算数的人，是不是很麻烦啊。他当初说出来的时候，肯定没有想到会吃鞋子。因为他当时说的话明显是嘲讽希拉里的，他认为她的书卖不到 100 万本。有人幸灾乐祸地跑到希拉里那里，怂恿她要求卡尔森说话算数，当众把鞋吃下。同学们，你们认为希拉里会怎么做呢？会不会让卡尔森吃鞋呢？有的同学说会，我请同学上来回答。

可能真是这样。你们有的说让他吃，有的说不让他吃，都说得对。希拉里亲自去定了鞋子，要求卡尔森在电视上当众吃。卡尔森只好把鞋子吃了下去，但他却吃得很高兴，为什么呢？因为他吃下的是希拉里特意为他定做的鞋子形状的蛋糕。你们说这个“鞋子”是不是很美味啊？我想那味道一定棒极了，因为它里面加了一种特殊的调料——宽容。

同学们，面对主持人的嘲讽，希拉里并没有给予他猛烈的回击或等着看他吃鞋子，而是用一种幽默宽容的方式巧妙地化解了这场矛盾。同时，她用她的智慧维护了主持人的面子，他是吃了鞋子，只不过是鞋子形状的蛋糕。

同学们，在我们的日常生活中，走路时，可能有人不小心撞了你；坐车时，可能由于拥挤有人踩了你的脚；说话时，可能有人出言不逊伤害了你；两个人本来约好了去一个地方，但是另一个人迟到了……碰到诸如此类的事，你会怎么办呢？有的人有抱怨的习惯，却不知道这个习惯会给自己带来许多麻烦。抱怨之害，列举如下：

(1)抱怨是丧志之始。人一旦心中满怀怨恨，就会怨天尤人，总觉得世界不公平，觉得天下人都对不起自己，这是危险的信号。因为你对社会的热情不够，对人生的际遇认识不清，对自己的付出心有不甘，对自己的获得有所不满，因此愤愤不平，怀忧丧志，人生从此一蹶不振。

(2)抱怨是结仇之源。抱怨绝对不能获得欢喜，你抱怨人家一分，别人回给你的可能是加倍的排斥。合伙人本来是共同打拼，但你总抱怨对方的不足，难道对方就会满意、钦佩你吗？

(3)抱怨是败德之行。人一旦有了抱怨，情绪一定非常恶劣，有的人甚至“一不做，二不休”，抱怨朋友者，最后反目成仇；抱怨同事者，明争暗斗。种种败德的行为，都由于抱怨而产生，殊为可怕。

法国19世纪的文学大师维克多·雨果曾说过这样一句话：“世界上最宽阔的是海洋，比海洋宽阔的是天空，比天空更宽阔的是人的胸怀。”同学们，让我们学会宽容吧！宽容会让我们拥有比天空更广阔的胸怀。

只追前一名

快到考试的日子了，也许大家或多或少在为学习而焦虑。今天，让我先和大家分享一个故事。

从前有一个小女孩，小的时候由于身体纤弱，每次体育课跑步都落在最后。这让好胜心极强的她感到非常沮丧，甚至害怕上体育课。她妈妈知道后，就安慰她说："没关系的，孩子，这次你可以跑在最后。不过，孩子你要记住，下一次再跑步时，你要给自己定一个目标，这个目标就是：只追前一名。也就是说，这次跑倒数第一，下次就努力跑倒数第二，然后倒数第三。"小女孩点了点头，记住了妈妈的话。再跑步时，她就奋力追赶她前面的同学，结果从倒数第一名，到倒数第二名、第三名、第四名，再到倒数第六名、第七名、第八名……一个学期还没结束，她的跑步成绩已超过了全班多半学生，而且她也慢慢地喜欢上了体育课。接下来，小女孩的妈妈又把"只追前一名"的教导，用到了她的学习中。妈妈告诉她："如果你每次考试都超过一个同学的话，那你就非常了不起啦！"

同学们，你们仔细想想看，如果只超过一个同学，对你们来说，难不难啊？

可是为什么我们没有超过呢？因为我们没想去赶超。这个小女孩就做到了，她刻苦学习，每次考试都会超过一位同学，学习成绩越来越好。1997年，她高中毕业时顺利地考上了中国最好的大学——北京大学。2001年4月，她又被世界上最好的大学之一——哈佛大学教育学院以全额奖学金录取，成为当年哈佛教育学院录取的唯一一位中国本科应届毕业生。她就是朱成。2002 年 6 月，朱成获得哈佛大学硕士学位。同年 9 月，她被哈佛大学文理学院聘为全职教师。2003 年 9 月，她在哈佛大学攻读博士学位。2006 年 4 月，她当选为有 11 个研究生院、1.3 万名研究生的哈佛大学研究生院学生会总会主席。这是哈佛 370 年历史上第一次由中国籍学生出任该职位，这在当时引起了极大的轰动。

同学们，朱成的故事告诉了我们一个简单的道理，那就是：只要你努力，每次只追前一名，你就一定会不断取得进步，你就一定会获得成功。这学期的期末考试就要来到了，每个同学都投入到忙碌的复习中。在我们的班级里，有没有你追我赶的学习氛围呢？当我们成为一个班级的同学，在一起完成学业时，一方面，我们在互相帮助中进步，但另一方面，我们也需要在互相竞争中进步。当你聆听同学的课堂发言时，有没有想过发表与他不一样的思想？当你回家按时完成作业，有没有想着超过作业水平在你前面的一位同学呢？

如果有力争上游的意识与氛围，你们的学习成绩没有理由不好。我们仔细看看学习成绩好的同学，往往是上课认真听讲、回家按时完成作业的同学，因为他们都有一颗不甘落后的心。同学们，无论是养成良好习惯，还是提高学习成绩，我们都要竭尽全力，只追前一名。现在跟我说一遍：“竭尽全力，只追前一名。”

让我们怀着进取的信念，不断优化学习方法，优化考试心理，去迎接期末考试的进步吧！

成功属于坚持不懈的人

同学们，你们都知道，要想获得成功，就必须树立远大的理想和坚定的信念。

这就如同走路。开始的时候，我们在信念旗帜的引导下，雄心万丈，希望无穷，然而，经过长途跋涉，信心便开始动摇，怀疑自己，对前途充满失望。

曾经有一个人，在屡屡遭到失败后，想结束自己的追求。有人告诉他，有一位智者掌握了成功的秘诀，他便找到了那位智者。

智者漫不经心地抬手指示："那边悬崖上有一株草莓，如果你去给我采下来，我便告诉你如何得到你想要的。"

山并不高，但极陡峭。那小灯笼似的草莓，看上去是可望而不可及的。他稳定了心绪，对悬崖认真研究，发现它的南面比较平坦，便向上攀登，但还不到三分之一，他就力竭而返。抚着酸痛的四肢，他却在朦胧的月色里，依稀看见远处的草霉。次日，他开始第二次攀登，而且成功了。他急切地问："大师，现在你可以告诉我成功的秘诀了吧？"

智者将草莓纳入口中，笑道："很甜啦！"然后反问："咦，你不是已经成功了吗？"

他在瞬间恍然大悟。原来成功就是悬崖上的草莓，只要你向着目标迈进，锲而不舍，就能采撷到手。可见成功在于坚持，胜利属于坚持不懈的人。

同学们，我校的文体活动月就要来临，学校为每一位同学提供了丰富的成长舞台。你一定也在渴望着属于自己的成功吧！快快找到自身的发展目标，不论路途多么崎岖难行，不论身体多么困乏疲惫，我们都要勇敢地向着目标坚持下去。要坚信，坚持不懈、永不放弃的人总是会成功的。成功就像东方的太阳，一定会喷薄而出，光辉灿烂！愿同学们在文体活动月中得到新的成长与发展！

毕业前夕，讲给我的学生们

同学们，时间的车轮在飞快地旋转，一转眼，六年的小学生活就要结束了。在这毕业之际，远方的亲人、远方的伙伴一定挂念着你，想知道毕业前的你在干着什么、想着什么，那就让我们快快提起笔来，向远方的亲朋好友讲讲毕业前的心里话吧！要写好这个作文，该怎么做呢？老师送给大家四个锦囊，相信你们一定会从中获得智慧的启迪。

锦囊一：明确体裁，审清题意。同学们不难发现，此次习作是让我们给自己的亲人或朋友写一封信，告诉他们自己在毕业前的一些情况和想法，那么，我们的作文体裁就只能确定为书信。在过去的习作中，我们已经接触到了许多次书信体作文。在写的时候，开头的称呼、结尾的祝语以及最后的落款都是不可少的，在习作的格式上，可要多加留意呀。

锦囊二：精心取材。这次的习作与平时的书信有所不同，它写在我们毕业前夕，这就决定了我们的内容有一定的即时性，就内容的选择来看，可以是对毕业前生活的回顾，可以是对毕业后生活的展望。因此，同学们在选取书信的内容时，就一定要充分考虑：当别人读到这封信时，他是否能从字里行间看到你毕业生活的情形，听到你毕业前的心声。你可以向他讲讲这些日子你学习中的酸甜苦辣，可以讲讲你与同伴的深情厚谊，可以讲讲校园生活中那些让你难忘的瞬间，可以讲讲你对未来的追寻……把自己的所思所感，与自己信赖的人分享吧！

锦囊三：选择对象。既然习作要求我们以书信体与别人交流我们的毕业时光，那么，我们选好材料后，就要想想，自己的信要写给谁。选择的读者对象不同，我们信件的称呼、问候语也会有所不同，说话的语气、信件表达的内容也会有所不同。例如，如果是写信给远方的长辈，我们可以汇报自己的学业生活，向他们学习一些人生的经验，让他们给我们的学习生活、人生理想带来帮助；如果我们的对象是同龄伙伴，就可以交流各自的学习生活，在互通信息中，让生命焕发更亮丽的风采。

锦囊四：叙写真情。写得具体真实是写好这篇习作的重点，如何才能做到这一点呢？这就需要大家在选好材料、确定对象后，想好自己先说什么，后说什么，按一定的顺序，把自己想讲的事清清楚楚地记下来，并毫无保留地把自己对某件事或某一问题的真实想法说出来，无拘无束地抒发内心的情感。这样，当收信人打开你的信件时，自然会被你的文字打动，思你所思，想你所想，你们就会通过这一张张信笺架起情感的桥梁，会在一次次心灵的对白中获得成长。

同学们，写好了这封信，可千万别忘了把它发出去。你可以通过邮政发送，也可以通过电子信箱发送。如果你选择邮政发送，那可要注意信封的格式，写清收信人的邮编、地址、姓名；如果你用电子邮件发送，就要开通正确的邮箱地址。快快行动起来吧！

后记

1991年中师毕业后，我走上了教育岗位，来到了县城一所最好的小学。自此，二十多年，扎根一线，坚守在基层。我总以为，基层教育者就是一个普通而平凡的教育实践者，求善于每一个孩子，求真于每一次课堂，便是职业的全部。于此心境中安守一生，也乐得自在，自然不会想到会在某一天要著书立说。因为已有的知识视野与文化底蕴有限，很难完成一本铅字；已有的人生感悟，也不足以留痕。然而偏偏就是这样一个偶然的机缘，人生总会被某些机缘推动着，去尝试完成一些根本没有想过的事。

整理这二十多年行走在教育路上留下的文字，我更加深切地感到，曾经那一刻、那一时纠结的对与错、是与非，而今看来，都是那般微不足道。教育路上有过的一切实践，都没有真正说得上成功的一日。它只是我们行走人生的一条大道，从一线教师到中层管理，从中层管理到主持办学，从新校起步到超越发展，这是一条没有去预设，却又不知不觉走过的路，是我的路，自己走过的路。世间的路有千万条，每个人境遇不同，路自不同，但条条道都永远没有尽头。我们每一个人，与一帮人结伴行走在各自的人生路上，最终所获取的也绝非对客观世界的征服，而是在外物中获取个人内心的通达与明朗，寻找到一份心灵的归宿，才会拥有人生的自在。应无所住，而生其心。

笔者

2017年7月

西南师范大学出版社
《名师工程》系列丛书目录

系列	序号	书名	作者	定价
教育探索者·鲁派名师系列	1	《追问历史教学之道》	钟红军	36.00
	2	《灵动英语课——高效外语教学氛围创设艺术》	邵淑红	30.00
	3	《校园，幸福教育的栖居》	武际金	30.00
	4	《复调语文——尊重生命自我成长的语文教学》	孙云霄	30.00
	5	《智趣数学课——在情感深处激发学生的数学智能》	王冬梅	30.00
	6	《高品位“悦读”——让情感与心灵更愉悦的阅读教学》	马彩清	30.00
	7	《品诵教学——感悟母语神韵的阅读教学》	侯忠彦	30.00
	8	《智趣化学课——在快乐中提升学生的科学素养》	张利平	30.00
名师解码系列	9	《教育需要播种温暖——谢文东与儒雅教育》	余　香　陈柔羽 王林发	28.00
	10	《为了未来设计教育——梁哲与探究教育》	冼柳欣　肖东阳 王林发	28.00
	11	《真心是教育的底色——谭永焕与真心教育》	谭永焕　温静瑶 王林发	28.00
	12	《做超越自我的教师——刘海涛与创新教育》	王林发　陈晓凤 欧诗停	28.00
	13	《打造灵动的教育场——张旭与情感教育》	范雪贞　邹小丽 王林发	28.00
高效课堂系列	14	《让数学课堂更高效——教研员眼中的教学得失》	朱志明	30.00
	15	《从教会到教慧——小学生数学学习能力的培养艺术》	滕　云	30.00
	16	《用什么提高课堂效率——有效数学课必须关注的10大要素》	赵红婷	30.00
	17	《让作文更轻松——小学作文高效教学36锦囊》	李素环	30.00
	18	《让研究性学习更高效——研究性学习施教指导策略》	欧阳仁宣	30.00
	19	《让母语融入学生心灵——提升学生语文素养的高效施教艺术》	黄桂林	30.00
创新课堂系列	20	《小学语文“三环节”阅读教学法——自学、读讲、实践》	薛发武	30.00
	21	《个性化课堂教学艺术：小学语文》	商德远	30.00
	22	《如何实现三维目标——让学生与文本共鸣的诵读教学》	张连元	30.00
	23	《想说　会说　有话可说——突破作文瓶颈的三维教学法》	杨和平	30.00
	24	《综合课的整合创新教学》	周辉兵	30.00
	25	《如何打造学生喜欢的音乐课堂》	张　娟	30.00
	26	《理想课堂的构建与实施——一个教研员眼中的理想课堂》	张玉彬	30.00
	27	《小学语文：决定教学质量的关键策略》	李　楠	30.00
	28	《用〈论语〉思想提升数学教育智慧》	胡爱民	30.00
	29	《童化作文——浸润儿童心灵的作文教学》	吴　勇	30.00
名校系列	30	《人本与生本：管理与德育的双重根基》	广州市广外附设外语学校	30.00
	31	《生本与生成：高效教学的两轮驱动》	广州市广外附设外语学校	30.00
	32	《世界视野与现代意识：校本课程开发的二元思维》	广州市广外附设外语学校	30.00
	33	《让每个生命都精彩——生命教育校本实践策略》	王鹏飞	30.00
	34	《好学校，从关注每个学生开始 ——石梅小学优质教育多元感悟》	顾　泳　张文质	30.00

系列	序号	书名	作者	定价
思想者系列	35	《回归教育的本色》	马恩来	30.00
	36	《守护教育的本真》	陈道龙	30.00
	37	《教育，倾听心灵的声音》	李荣灿	30.00
	38	《心根课堂——让教育随学生心灵起舞》	刘云生	30.00
	39	《做一个纯粹的教师》	许丽芬	26.00
	40	《率性教书》	夏 昆	26.00
	41	《为爱教书》	马一舜	26.00
	42	《课堂，诗意还在》	赵赵（赵克芳）	26.00
	43	《今日教育之民间立场》	子虚（扈永进）	30.00
	44	《教育，细节的深度反思》	许传利	30.00
	45	《追寻教育的真谛——许锡良教育思考录》	许锡良	30.00
	46	《做爱思考的教师》	杨守菊	30.00
教育探索者·鲁派名校系列	47	《博弈中的追求——一位中学校长的“零”作业抉择》	李志欣	30.00
	48	《大教育视野下的特色课程构建——海洋教育的开发实施》	白刚勋	30.00
名师教学手记系列	49	《唤醒生命的对话——孙建锋语文教学手记》	孙建锋	30.00
	50	《让作文教学更高效——王学东写作教学手记》	王学东	30.00
名校长核心思想系列	51	《智圆行方——智慧校长的50项管理策略》	胡美山 李绵军	30.0
	52	《做一个智慧的校长》	孙世杰	30.00
	53	《成为有思想的校长》	赵艳然	30.00
创新班主任系列	54	《班主任专业化成长策略》	杨连山	30.00
	55	《班级活动创新与问题应对》	杨连山 杨 照 张国良	30.00
	56	《班集体建设与创新人才培养》	李国汉	30.00
	57	《神奇的教育场——打造特色班级文化创新艺术》	李德善	30.00
教研提升系列	58	《校本教研的7个关键点》	孙瑞欣	30.00
	59	《教师怎样做小课题研究——高效助力教师专业化成长》	徐世贵 刘恒贺	30.00
	60	《今天我们应怎样评课》	张文质 陈海滨	30.00
	61	《今天我们应怎样进行教学反思》	张文质 刘永席	30.00
	62	《一节好课需要的教育智慧》	张文质 姚春杰	30.00
优化教学系列	63	《高效教学组织的优化策略》	赵雪霞	30.00
	64	《高效教学方法的优化策略》	任 辉	30.00
	65	《高效教学过程的优化策略》	韩 锋	30.00
	66	《让教学更生动——激发兴趣让学生快乐认知》	朱良才	30.00
	67	《让教学更高效——策略创新让教学事半功倍》	孙朝仁	30.00
	68	《让教学更开放——拓展延伸让学生触类旁通》	焦祖卿 吕 勤	30.00
	69	《让教学更生活——体验运用让学生内化知识》	强光峰	30.00
	70	《让知识更系统——整合与概括让学生建构体系》	杨向谊	30.00
	71	《让思维更创新——思辨与发散让学生思维活跃》	朱良才	30.00

系列	序号	书　名	作者	定价
创新语文教学系列	72	《曹洪彪新概念快速作文》	曹洪彪	30.00
	73	《小学语文：享受对话教学》	孙建锋	30.00
	74	《小学语文：名师教学目标落实艺术》	刘海涛　王林发	30.00
	75	《小学语文：名师魅力教学设计艺术》	刘海涛　王林发	30.00
	76	《小学语文：名师魅力课堂激趣艺术》	刘海涛　豆海湛	30.00
	77	《小学语文：单元整体教学构建艺术》	李怀源	30.00
	78	《小学作文：名师情趣课堂创设艺术》	张化万	30.00
名师名课系列	79	《名师如何炼就名课》(美术卷)	李力加	35.00
教师成长系列	80	《做会研究的教师》	姚小明	30.00
	81	《学学名师那些事》	孙志毅	30.00
	82	《给新教师的建议》	李镇西	30.00
	83	《教师心灵读本：成为有思想的教师》	肖　川	30.00
	84	《教师心灵读本：教师，做反思的实践者》	肖　川	30.00
幼师提升系列	85	《全国优秀幼儿健康教育活动课例评析》	教育部教育管理信息中心	30.00
	86	《全国优秀幼儿艺术教育活动课例评析》	教育部教育管理信息中心	30.00
	87	《全国优秀幼儿社会教育活动课例评析》	教育部教育管理信息中心	30.00
	88	《全国优秀幼儿语言教育活动课例评析》	教育部教育管理信息中心	30.00
	89	《全国优秀幼儿科学教育活动课例评析》	教育部教育管理信息中心	30.00
教师修炼系列	90	《班主任工作行为八项修炼》	杨连山	30.00
	91	《教师心理健康六项修炼》	李慧生	30.00
	92	《教师专业化五项修炼》	杨连山　田福安	30.00
	93	《课堂教学素养五项修炼》	刘金生　霍克林	30.00
	94	《高效教学技能十项修炼》	欧阳芬　诸葛彪	30.00
	95	《教师新师德六项修炼》	王毓珣　王　颖	30.00
创新数学教学系列	96	《小学数学：名师教学目标落实艺术》	余文森	30.00
	97	《小学数学：名师高效教学设计艺术》	余文森	30.00
	98	《小学数学：名师易错问题针对教学》	余文森	30.00
	99	《小学数学：名师魅力课堂激趣艺术》	余文森	30.00
	100	《小学数学：名师同课异教》	林高明　陈燕香	30.00
	101	《小学数学：名师抽象问题艺术教学》	余文森	30.00
教育心理系列	102	《做最好的心理导师——中学生心理健康咨询手册》	杨　东	30.00
	103	《每天学点教育心理学》	石国兴　白晋荣	30.00
	104	《学生心理拓展训练与指导》	徐岳敏	30.00
	105	《好心态成就好学生——学生心理问题剖析与对症教育》	李韦遴	30.00
教育通识系列	106	《用心做教师——青年教师快速成长的十大定律》	王福强	30.00
	107	《做最受学生欢迎的老师》	赵馨　许俊仪	30.00
	108	《做有策略的校长——经典寓言与学校管理智慧》	宋运来	30.00
	109	《做有策略的教师——经典故事中的教育启示》	孙志毅	30.00
	110	《从学生那里学教书》	严育洪	30.00
	111	《突破平庸——提升教育质量的31个跳板》	严育洪	30.00
	112	《教育，诗意地栖居》	朱华忠	30.00
	113	《好班规打造好班级》	赵　凯	30.00
	114	《做学生成长的引领者——学生终身成长的素质培养》	田祥珍	30.00
	115	《如何管出好班级——突破班级管理的四大瓶颈》	刘令军	30.00
	116	《青春期性教育教师实用手册》	闵乐夫	30.00

系列	序号	书　　名	作者	定价
高中新课程系列	117	《高中新课程：教师角色转变细节》	缪水娟	30.00
	118	《高中新课程：班主任新兵法细节》	李国汉　杨连山	30.00
	119	《高中新课程：教学管理创新细节》	陈　文	30.00
	120	《高中新课程：更有效的评价细节》	李淑华	30.00
教学新突破系列	121	《把教学目标落实到位——名师优质课堂的效率管理》	冯增俊	30.00
	122	《拿什么调动学生——名师生态课堂的情绪管理》	胡　涛	30.00
	123	《零距离施教——名师和谐师生关系的构建艺术》	贺　斌	30.00
	124	《一个都不能落——名师提升学困生的针对教学》	侯一波	30.00
	125	《让学习变得更轻松——名师最能吸引学生的情境设计》	施建平	30.00
	126	《让知识变得更易学——名师改造难学知识的优化艺术》	周维强	30.00
名师讲述系列	127	《施教先施爱——名师讲述班主任的核心教导力》	杨连山　魏永田	30.00
	128	《在欢乐中成长——名师讲述最具活力的课堂愉快教学》	王斌兴	30.00
	129	《让学生做自己的老师 ——名师讲述如何提升学生自主学习能力》	徐学福　房　慧	30.00
	130	《引领学生高效学习 ——名师讲述如何提高学生课堂学习效率》	刘世斌	30.00
	131	《教育从心灵开始——名师讲述最能感动学生的心灵教育》	张文质	30.00
教育细节系列	132	《名师最具渲染力的口才细节》	高万祥	30.00
	133	《名师最有效的沟通细节》	李　燕　徐　波	30.00
	134	《名师最有效的激励细节》	张　利　李　波	30.00
	135	《名师培养学生好习惯的高效细节》	李文娟　郭香萍	30.00
	136	《名师人格教育的经典细节》	齐　欣	30.00
	137	《名师营造课堂氛围的经典细节》	高　帆　李秀华	30.00
	138	《名师最有效的赏识教育细节》	李慧军	30.00
	139	《名师最有效的批评细节》	沈　旎	30.00
教育管理力系列	140	《名校激励管理促进力》	周　兵	30.00
	141	《名校安全管理执行力》	袁先潋	30.00
	142	《名校师资团队建设力》	赵圣华	30.00
	143	《名校危机管理应对力》	李明汉	30.00
	144	《名校校本研究创新力》	李春华	30.00
	145	《学校文化力建设策略》	袁先潋	30.00
	146	《名校长核心教育力》	陶继新	30.00
	147	《名校长高绩效领导力》	周辉兵	30.00
	148	《名校行政管理细节力》	杨少春	30.00
	149	《名校教学管理提升力》	张　韬　戴诗银	30.00
	150	《名校学生管理教导力》	田福安	30.00
	151	《名校校园文化构建力》	岳春峰	30.00
大师讲坛系列	152	《大师谈教育心理》	肖　川	30.00
	153	《大师谈教育激励》	肖　川	30.00
	154	《大师谈教育沟通》	王斌兴　吴杰明	30.00
	155	《大师谈启蒙教育》	周　宏	30.00
	156	《大师谈教育管理》	樊　雁	30.00
	157	《大师谈儿童人格塑造》	齐　欣	30.00
	158	《大师谈儿童习惯培养》	唐西胜	30.00
	159	《大师谈儿童能力培养》	张启福	30.00
	160	《大师谈早恋与性教育》	闵乐夫	30.00
	161	《大师谈儿童情感教育》	张光林　张　静	30.00

系列	序号	书　　名	作者	定价
教学提升系列	162	《方法总比问题多——名师转变棘手学生的施教艺术》	杨志军	30.00
	163	《用特色吸引学生——名师最受欢迎的特色教学艺术》	卞金祥	30.00
	164	《让学生爱上课堂——名师高效课堂的引导艺术》	邓　涛	30.00
	165	《拿什么打开思路——名师最吸引学生的课堂切入点》	马友文	30.00
	166	《没有记不牢的知识——名师最能提升学生记忆效果的秘诀》	谢定兰	30.00
	167	《让学生的思维活起来——名师最激发潜能的课堂提问艺术》	严永金	30.00
国际视野系列	168	《行走在日本基础教育第一线》	李润华	26.00
	169	《润物细无声》	赵荣荣　张　静	30.00
	170	《不让一个学生掉队——国际视野下的教育均衡实践》	乔　鹤	28.00
	171	《从白桦林到克里姆林宫——俄罗斯中小学教育纪实》	赵　伟	30.00